Lisi Schuur und Eike M. Falk

Die Welt von Landor´s Cottage

© 2016 Lisi Schuur und Eike M. Falk

Herstellung und Verlag:
BoD - Books on Demand, Norderstedt
ISBN 978-3-7412-7141-0

LANDOR'S COTTAGE.

by Edgar Allan Poe

~~~~~~~~~~~~~~~~~~~~

During a pedestrian tour last summer, through one or two of the river counties of New York, I found myself, as the day declined, somewhat embarrassed about the road I was pursuing. The land undulated very remarkably; and my path, for the last hour, had wound about and about so confusedly, in its effort to keep in the valleys, that I no longer knew in what direction lay the sweet village of B————, where I had determined to stop for the night. The sun had scarcely shone — strictly speaking — during the day, which, nevertheless, had been unpleasantly warm. A smoky mist, resembling that of the Indian summer, enveloped all things, and of course, added to my uncertainty. Not that I cared much about the matter. If I did not hit upon the village before sunset, or even before dark, it was more than possible that a little Dutch farmhouse, or something of that kind, would soon make its appearance — although, in fact, the neighborhood (perhaps on account of being more picturesque than fertile) was very sparsely inhabited. At all events, with my knapsack for a pillow, and my hound as a sentry, a bivouac in the open air was just the thing which would have amused me. I sauntered on, therefore, quite at ease — Ponto taking charge of my gun — until at length, just as I had begun to consider whether the numerous little glades that led hither and thither were intended to be paths at all, I was conducted by one of the most promising of them into an unquestionable carriage track. There could be no mistaking it. The traces of light wheels were evident; and although the tall shrubberies and overgrown undergrowth met overhead, there was no obstruction whatever below, even to the passage of a Virginian mountain wagon — the most aspiring vehicle, I take it, of its kind. The road, however, except in being open through the wood — if wood be not too weighty a name for such an assemblage of light trees — and except in the particulars of evident wheel-tracks — bore no resemblance to any road I had before seen. The tracks of which I speak were but faintly perceptible — having been impressed upon the firm, yet pleasantly moist surface of — what looked more like green Genoese velvet than anything else. It was grass, clearly — but grass such as we seldom see out of England — so short, so thick, so even, and so vivid in color. Not a single impediment lay in the wheel-route — not even a chip or dead twig. The stones that once obstructed the way had been carefully placed — not thrown — along the sides of the lane, so as to define its boundaries at bottom with a kind of half-precise, half-negligent, and wholly picturesque definition. Clumps of wild flowers grew everywhere, luxuriantly, in the interspaces.

What to make of all this, of course I knew not. Here was art undoubtedly — that did not surprise me — all roads, in the ordinary sense, are works of art; nor can I say that there was much to wonder at in the mere excess of art manifested; all that seemed to have been done, might have been done here — with such natural 'capabilities' (as they have it in the books on Landscape Gardening) — with very little labor and. No; it was not the amount but the character of the art which caused me to take a seat on one of the blossomy stones and gaze up and down this fairy-like avenue for half an hour or more in bewildered admiration. One thing became more and more evident the longer I gazed: an artist, and one with a most scrupulous eye for form, had superintended all these arrangements. The greatest care had been taken to preserve a due medium between the neat and graceful on the one hand, and the pittoresque, in the true sense of the Italian term, on the other. There were few straight, and no long uninterrupted lines. The same effect of curvature or of color, appeared twice, usually, but not oftener, at any one point of view. Everywhere was variety in uniformity. It was a piece of 'composition,' in which the most fastidiously critical taste could scarcely have suggested an emendation.

I had turned to the right as I entered this road, and now, arising, I continued in the same direction. The path was so serpentine, that at no moment could I trace its course for more than two or three paces in advance. Its character did not undergo any material change.

Presently the murmur of water fell gently upon my ear — and in a few moments afterwards, as I turned with the road somewhat more abruptly than hitherto, I became aware that a building of some kind lay at the foot of a gentle declivity just before me. I could see nothing distinctly on account of the mist which occupied all the little valley below. A gentle breeze, however, now arose, as the sun was about descending; and while I remained standing on the brow of the slope, the fog gradually became dissipated into wreaths, and so floated over the scene.

As it came fully into view — thus gradually as I describe it — piece by piece, here a tree, there a glimpse of water, and here again the summit of a chimney, I could scarcely help fancying that the whole was one of the ingenious illusions sometimes exhibited under the name of 'varnishing pictures.'

By the time, however, that the fog had thoroughly disappeared, the sun had made its way down behind the gentle hills, and thence, as if with a slight chassez to the south, had come again fully into sight; glaring with a purplish lustre through a chasm that entered the valley from the west. Suddenly, therefore — and as if by the hand of magic — this whole valley and every thing in it became brilliantly visible.

The first coup d'œil, as the sun slid into the position described, impressed me very much as I have been impressed when a boy, by the concluding scene of some well-arranged theatrical spectacle or melodrama. Not even the monstrosity of color was wanting; for the sunlight came out through the chasm, tinted all orange and purple; while the vivid green of the grass in the valley was reflected more or less upon all objects from the curtain of vapor that still hung overhead, as if loth to take its total departure from a scene so enchantingly beautiful.

The little vale into which I thus peered down from under the fog-canopy, could not have been more than four hundred yards long; while in breadth it varied from fifty to one hundred and fifty, or perhaps two hundred. It was most narrow at its northern extremity, opening out as it tended southwardly, but with no very precise regularity. The widest portion was within eighty yards of the southern extreme. The slopes which encompassed the vale could not fairly be called hills, unless at their northern face. Here a precipitous ledge of granite arose to a height of some ninety feet; and, as I have mentioned, the valley at this point was not more than fifty feet wide; but as the visiter proceeded southwardly from the cliff, he found on his right hand and on his left, declivities at once less high, less precipitous, and less rocky. All, in a word, sloped and softened to the south; and yet the whole vale was engirdled by eminences, more or less high, except at two points. One of these I have already spoken of. It lay considerably to the north of west, and was where the setting sun made its way, as I have before described, into the amphitheatre, through a cleanly cut natural cleft in the granite embankment: this fissure might have been ten yards wide at its widest point, so far as the eye could trace it. It seemed to lead up, up, like a natural causeway, into the recesses of unexplored mountains and forests. The other opening was directly at the southern end of the vale. Here, generally, the slopes were nothing more than gentle inclinations, extending from east to west about one hundred and fifty yards. In the middle of this extent was a depression, level with the ordinary floor of the valley. As regards vegetation, as well as in respect to every thing else, the scene softened and sloped to the south. To the north — on the craggy precipice — a few paces from the verge — upsprang the magnificent trunks of numerous hickories, black walnuts, and chestnuts, interspersed with occasional oak; and the strong lateral branches thrown out by the walnuts especially, spread far over the edge of the cliff. Proceeding southwardly, the explorer saw, at first, the same class of trees, but less and less lofty and Salvatorish in character; then he saw the gentler elm, succeeded by the sassafras and locust — these again by the softer linden, red-bud, catalpa, and maple — these yet again by still more graceful and more modest varieties. The whole face of the southern declivity was covered with wild shrubbery alone — an occasional silver willow or white poplar excepted. In the bottom of the valley itself — (for it must be borne in mind that the vegetation hitherto mentioned grew only on the cliffs or hill-sides) — were to be seen three insulated trees. One was an elm of fine size and exquisite form: it stood guard over the southern gate of the vale. Another was a hickory, much larger than the elm, and altogether a much finer tree, although both were exceedingly beautiful: it seemed to have taken charge of the north-western entrance, springing from a group of rocks in the very jaws of the ravine, and throwing its graceful body, at an angle of nearly forty-five degrees, far out into the sunshine of the amphitheatre. About thirty yards east of this tree stood, however, the pride of the valley, and beyond all question the most magnificent tree I have ever seen, unless, perhaps, among the cypresses of the Itchiatuckanee. It was a triple-stemmed tulip[[-]]tree — the Liriodendron

Tulipiferum — one of the natural order of magnolias. Its three trunks separated from the parent at about three feet from the soil, and diverging very slightly and gradually, were not more than four feet apart at the point where the largest stem shot out into foliage: this was at an elevation of about eighty feet. The whole height of the principal division was one hundred and twenty feet. Nothing can surpass in beauty the form, or the glossy, vivid green of the leaves of the tulip-tree. In the present instance they were fully eight inches wide; but their glory was altogether eclipsed by the gorgeous splendor of the profuse blossoms. Conceive, closely congregated, a million of the largest and most resplendent tulips! Only thus can the reader get any idea of the picture I would convey. And then the stately grace of the clean, delicately-granulated columnar stems, the largest four feet in diameter, at twenty from the ground. The innumerable blossoms, mingling with those of other trees scarcely less beautiful, although infinitely less majestic, filled the valley with more than Arabian perfumes.

The general floor of the amphitheatre was grass of the same character as that I had found in the road: if anything, more deliciously soft, thick, velvety, and miraculously green. It was hard to conceive how all this beauty had been attained.

I have spoken of two openings into the vale. From the one to the north-west issued a rivulet, which came, gently murmuring and slightly foaming, down the ravine, until it dashed against the group of rocks out of which sprang the insulated hickory. Here, after encircling the tree, it passed on a little to the north of east, leaving the tulip tree some twenty feet to the south, and making no decided alteration in its course until it came near the midway between the eastern and western boundaries of the valley. At this point, after a series of sweeps, it turned off at right angles and pursued a generally southern direction — meandering as it went — until it became lost in a small lake of irregular figure (although roughly oval), that lay gleaming near the lower extremity of the vale. This lakelet was, perhaps, a hundred yards in diameter at its widest part. No crystal could be clearer than its waters. Its bottom, which could be distinctly seen, consisted altogether of pebbles brilliantly white. Its banks, of the emerald grass already described, rounded, rather than sloped, off into the clear heaven below; and so clear was this heaven, so perfectly, at times, did it reflect all objects above it, that where the true bank ended and where the mimic one commenced, it was a point of no little difficulty to determine. The trout, and some other varieties of fish, with which this pond seemed to be almost inconveniently crowded, had all the appearance of veritable flying-fish. It was almost impossible to believe that they were not absolutely suspended in the air. A light birch canoe that lay placidly on the water, was reflected in its minutest fibres with a fidelity unsurpassed by the most exquisitely polished mirror. A small island, fairly laughing with flowers in full bloom, and affording little more space than just enough for a picturesque little building, seemingly a fowl-house — arose from the lake not far from its northern shore — to which it was connected by means of an inconceivably light-looking and yet very primitive bridge. It was formed of a single, broad and thick plank of the tulip wood. This was forty feet long, and spanned the interval between shore and shore with a slight but very perceptible arch, preventing all oscillation. From the southern extreme of the lake issued a continuation of the rivulet, which, after meandering for, perhaps, thirty yards, finally passed through the "depression" (already described) in the middle of the southern declivity, and tumbling down a sheer precipice of a hundred feet, made its devious and unnoticed way to the Hudson.

The lake was deep — at some points thirty feet — but the rivulet seldom exceeded three, while its greatest width was about eight. Its bottom and banks were as those of the pond — if a defect could have been attributed to them, in point of picturesqueness, it was that of excessive neatness.

The expanse of the green turf was relieved, here and there, by an occasional showy shrub, such as the hydrangea, or the common snow-ball, or the aromatic seringa; or, more frequently, by a clump of geraniums blossoming gorgeously in great varieties. These latter grew in pots which were carefully buried in the soil, so as to give the plants the appearance of being indigenous. Besides all this, the lawn's velvet was exquisitely spotted with sheep — a considerable flock of which roamed about the vale, in company with three tamed deer, and a vast number of brilliantly-plumed ducks. A very large mastiff seemed to be in vigilant attendance upon these animals, each and all.

Along the eastern and western cliffs — where, towards the upper portion of the amphitheatre, the boundaries were more or less precipitous — grew ivy in great profusion — so that only here and there could even a glimpse of the naked rock be obtained. The northern precipice, in like manner, was almost entirely clothed by grape-vines of rare luxuriance; some springing from the soil at the base of the cliff, and others from ledges on its face.

The slight elevation which formed the lower boundary of this little domain, was crowned by a neat stone wall, of sufficient height to prevent the escape of the deer. Nothing of the fence kind was observable elsewhere; for nowhere else was an artificial enclosure needed: — any stray sheep, for example, which should attempt to make its way out of the vale by means of the ravine, would find its progress arrested, after a few yards' advance, by the precipitous ledge of rock over which tumbled the cascade that had arrested my attention as I first drew near the domain. In short, the only ingress or egress was through a grate occupying a rocky pass in the road, a few paces below the point at which I stopped to reconnoitre the scene.

I have described the brook as meandering very irregularly through the whole of its course. Its two general directions, as I have said, were first from west to east, and then from north to south. At the turn, the stream, sweeping backwards, made an almost circular loop, so as to form a peninsula which was very nearly an island, and which included about the sixteenth of an acre. On this peninsula stood a dwelling-house — and when I say that this house, like the infernal terrace seen by Vathek, 'etait d'une architecture inconnue dans les annales de la terre,' I mean, merely, that its tout ensemble struck me with the keenest sense of combined novelty and propriety — in a word, of poetry — (for, than in the words just employed, I could scarcely give, of poetry in the abstract, a more rigorous definition) — and I do not mean that merely outre was perceptible in any respect.

In fact, nothing could well be more simple — more utterly unpretending than this cottage. Its marvellous effect lay altogether in its artistic arrangement as a picture. I could have fancied, while I looked at it, that some eminent landscape-painter had built it with his brush.

The point of view from which I first saw the valley, was not altogether, although it was nearly, the best point from which to servey [[survey]] the house. I will therefore describe it as I afterwards saw it — from a position on the stone wall at the southern extreme of the amphitheatre.

The main building was about twenty-four feet long and sixteen broad — certainly not more. Its total height, from the ground to the apex of the roof, could not have exceeded eighteen feet. To the west end of this structure was attached one about a third smaller in all its proportions: — the line of its front standing back about two yards from that of the larger house; and the line of its roof, of course, being considerably depressed below that of the roof adjoining. At right angles to these buildings, and from the rear of the main one — not exactly in the middle — extended a third compartment, very small — being, in general, one third less than the western wing. The roofs of the two larger were very steep — sweeping down from the ridge-beam with a long concave curve, and extending at least four feet beyond the walls in front, so as to form the roofs of two piazzas. These latter roofs, of course, needed no support; but as they had the air of needing it, slight and perfectly plain pillars were inserted at the corners alone. The roof of the northern wing was merely an extension of a portion of the main roof. Between the chief building and western wing arose a very tall and rather slender square chimney of hard Dutch bricks, alternately black and red: — a slight cornice of projecting bricks at the top. Over the gables, the roofs also projected very much: — in the main building about four feet to the east and two to the west. The principal door was not exactly in the main division, being a little to the east — while the two windows were to the west. These latter did not extend to the floor, but were much longer and narrower than usual — they had single shutters like doors — the panes were of lozenge form, but quite large. The door itself had its upper half of glass, also in lozenge panes — a movable shutter secured it at night. The door to the west wing was in its gable, and quite simple — a single window looked out to the south. There was no external door to the north wing, and it, also, had only one window to the east.

The blank wall of the eastern gable was relieved by stairs (with a balustrade) running diagonally across it — the ascent being from the south. Under cover of the widely projecting eave these steps gave access to a door leading to the garret, or rather loft — for it was lighted only by a single window to the north, and seemed to have been intended as a store-room.

The piazzas of the main building and western wing had no floors, as is usual; but at the doors and at each window, large, flat, irregular slabs of granite lay imbedded in the delicious turf, affording comfortable footing in all weather. Excellent paths of the same material — not nicely adapted, but with the velvety sod filling frequent intervals between the stones, led hither and thither from the house, to a crystal spring about five paces off, to the road, or to one or two out-houses that lay to the north, beyond the brook, and were thoroughly concealed by a few locusts and catalpas.

Not more than six steps from the main door of the cottage stood the dead trunk of a fantastic pear-tree, so clothed from head to foot in the gorgeous bignonia blossoms that one required no little scrutiny to determine what manner of sweet thing it could be. From various arms of this tree hung cages of different kinds. In one, a large wicker cylinder with a ring at top, revelled a mocking bird; in another, an oriole; in a third, the impudent bobalink [[bobolink]] — while three or four more delicate prisons were loudly vocal with canaries.

The pillars of the piazza were enwreathed in jasmine and sweet honeysuckle; while from the angle formed by the main structure and its west wing, in front, sprang a grape-vine of unexampled luxuriance. Scorning all restraint, it had clambered first to the lower roof — then to the higher; and along the ridge of this latter it continued to writhe on, throwing out tendrils to the right and left, until at length it fairly attained the east gable, and fell trailing over the stairs.

The whole house, with its wings, was constructed of the old-fashioned Dutch shingles — broad, and with unrounded corners. It is a peculiarity of this material to give houses built of it the appearance of being wider at bottom than at top — after the manner of Egyptian architecture; and in the present instance, this exceedingly picturesque effect was aided by numerous pots of gorgeous flowers that almost encompassed the base of the buildings.

The shingles were painted a dull gray; and the happiness with which this neutral tint melted into the vivid green of the tulip-tree leaves that partially overshadowed the cottage, can readily be conceived by an artist.

From the position near the stone wall, as described, the buildings were seen at great advantage — for the south-eastern angle was thrown forward — so that the eye took in at once the whole of the two fronts, with the picturesque eastern gable, and at the same time obtained just a sufficient glimpse of the northern wing, with parts of a pretty roof to the spring-house, and nearly half of a light bridge that spanned the brook in the near vicinity of the main buildings.

I did not remain very long on the brow of the hill, although long enough to make a thorough survey of the scene at my feet. It was clear that I had wandered from the road to the village, and I had thus good travellers' excuse to open the gate before me, and inquire my way, at all events; so, without more ado, I proceeded.

The road, after passing the gate, seemed to lie upon a natural ledge, sloping gradually down along the face of the north-eastern cliffs. It led me on to the foot of the northern precipice, and thence over the bridge, round by the eastern gable to the front door. In this progress, I took notice that no sight of the out-houses could be obtained.

As I turned the corner of the gable, the mastiff bounded towards me in stern silence, but with the eye and the whole air of a tiger. I held him out my hand, however, in token of amity — and I never yet knew the dog who was proof against such an appeal to his courtesy. He not only shut his mouth and wagged his tail, but absolutely offered me his paw — afterwards extending his civilities to Ponto.

As no bell was discernible, I rapped with my stick against the door, which stood half open. Instantly a figure advanced to the threshold — that of a young woman about twenty-eight years of age — slender, or rather slight, and somewhat above the medium height. As she approached, with a certain modest decision of step altogether indescribable, I said to myself, 'Surely here I have found the perfection of natural, in contradistinction from artificial grace.' The second impression which she made on me, but by far the more vivid of the two, was that of enthusiasm. So intense an expression of romance, perhaps I should call it, or of unworldliness, as that which gleamed from her deep-set eyes, had never so sunk into my heart of hearts before. I know not how it is, but this peculiar expression of the eye, wreathing itself occasionally into the lips, is the most powerful, if not absolutely the sole spell, which rivets my interest in woman. 'Romance,' provided my readers fully comprehended what I would here imply by the word — "romance" and "womanliness" seem to me convertible terms: and, after all, what man truly loves in woman, is, simply, her womanhood. The eyes of Annie (I heard some one from the interior call her "Annie, darling!") were 'spiritual gray;' her hair, a light chestnut: this is all I had time to observe of her.

At her most courteous of invitations, I entered — passing first into a tolerably wide vestibule. Having come mainly to observe, I took notice that to my right as I stepped in, was a window, such as those in front of the house; to the left, a door leading into the principal room; while, opposite me, an open door enabled me to see a small apartment, just the size of the vestibule, arranged as a study, and having a large bow window looking out to the north.

Passing into the parlor, I found myself with Mr. Landor — for this, I afterwards found, was his name. He was civil, even cordial in his manner; but just then, I was more intent on observing the arrangements of the dwelling which had so much interested me, than the personal appearance of the tenant.

The north wing, I now saw, was a bed-chamber: its door opened into the parlor. West of this door was a single window, looking towards the brook. At the west end of the parlor, were a fire-place, and a door leading into the west wing — probably a kitchen.

Nothing could be more rigorously simple than the furniture of the parlor. On the floor was an ingrain carpet, of excellent texture — a white ground, spotted with small circular green figures. At the windows were curtains of snowy white jaconet muslin: they were tolerably full, and hung decisively, perhaps rather formally, in sharp, parallel plaits to the floor — just to the floor. The walls were papered with a French paper of great delicacy — a silver ground, with a faint green cord running zig-zag throughout. Its expanse was relieved merely by three of Julien's exquisite lithographs a trois crayons, fastened to the wall without frames. One of these drawings was a scene of Oriental luxury, or rather voluptuousness; another was a 'carnival piece,' spirited beyond compare; the third was a Greek female head — a face so divinely beautiful, and yet of an expression so provokingly indeterminate, never before arrested my attention.

The more substantial furniture consisted of a round table, a few chairs (including a large rocking-chair,) and a sofa, or rather 'settee;' its material was plain maple painted a creamy white, slightly interstriped with green — the seat of cane. The chairs and table were "to match;" but the forms of all had evidently been designed by the same brain which planned 'the grounds:' it is impossible to conceive anything more graceful.

On the table were a few books, a large, square, crystal bottle of some novel perfume; a plain ground-glass astral (not solar) lamp, with an Italian shade; and a large vase of resplendently-blooming flowers. Flowers indeed of gorgeous colors and delicate odor, formed the sole mere decoration of the apartment. The fire-place was nearly filled with a vase of brilliant geranium. On a triangular shelf in each angle of the room stood also a similar vase, varied only as to its lovely contents. One or two smaller boquets adorned the mantel; and late violets clustered about the open windows.

It is not the purpose of this work to do more than give, in detail, a picture of Mr. Landor's residence — as I found it.

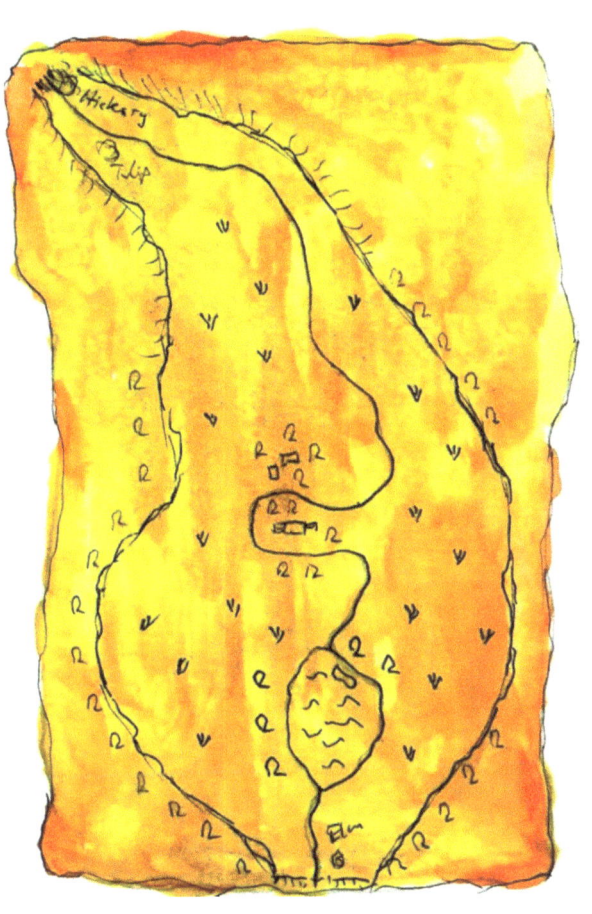

Eike:

'Romantik und Weiblichkeit', schreibt E.A. Poe, 'sind für mich dieselben Begriffe. Und was schließlich der Mann in der Frau wirklich liebt, ist einfach ihre Weiblichkeit.'
Mithin - die Romantik.
Doch was versteht E.A. Poe darunter?
Und - welche Art von Frauen meint er damit?
Denn er hat eine bestimmte Vorliebe.
Hohe, schlanke Gestalten mit umflorten Augen.
Immer etwas morbide, der Fäulnis preisgegeben.
Das ist Romantik.
Das ist Weiblichkeit.
Das oben angegebene Zitat entstammt der sehr sonderbaren Erzählung 'Landor's Cottage'. Sonderbar insofern, als Poe nichts anderes unternimmt als in sehr ausführlicher Weise das Anwesen zu beschreiben, auf dass sein Ich-Erzähler zufällig während einer Wanderung gestoßen ist.
Mehr als das zu unternehmen, schreibt er in einem kurzen Schlussabsatz, lag nicht in der Absicht dieser Erzählung.
So wird auch Mr. Landor, als der Erzähler schließlich dessen Haus betritt, als höflich und kordial beschrieben. Mehr gibt es über ihn nicht zu erfahren.
Ganz anders Annie. Wir wissen den Namen, weil der Erzähler Mr. Landor sie rufen hört. Sie ist etwa 28 Jahre alt, etwas über mittelgroß, und

veranlasst den Erzähler, ergänzend zu den eingangs erwähnten Ausführungen zu Weiblichkeit und Romantik, zu einer weiteren aufschlussreichen Aussage. 'Hier habe ich nun die Vollendung der natürlichen im Gegensatz zur künstlerischen Anmut gefunden.'
Das ist es im Wesentlichen, was wir zu den Bewohnern von Landor's Cottage erfahren. Wäre da nicht die Schilderung des Anwesens, die uns Aufschluss über deren Charakter geben könnte.
Und mehr.

Lisi:

In die Lichtung gehen
das Bild
rührt an mein Herz
an jenes Teil
das fremd mich meint
liegt weich
und ungeschützt
als hätte das Verhärten
ausgesetzt
nach dem Adieu
von dir
ich werde lieber
nicht mehr glauben
werd nur noch sehen
und stehenbleiben
manches Mal
wenn Hügel mir
wie Berge scheinen
und Täler sich
in lange Schatten ziehen
die Blumenfelder blühen
weiß und gelb
und hier und da
ein wenig roter Wein
an Pergolas
ich mag die Gladiolen nicht
sie frösteln mich
weil sie in Gräbervasen passen
dem Tode nah so starr
sie wissen nicht dem Wind

sich zu verneigen
der meine Seele betten kann
und der sie mit sich nimmt
dass alles Leid
ganz leise wird
mir kam so
in den Sinn
dass ich
den Kopf
mir halten sollte
mit beiden Händen
nicht nur
unterm Kinn
ihn stützen
ob ich dann auch
Gedanken schützen kann
die schleichen wollen
und die Sicht versperren
nur weil mir deine Stimme
wieder nah
und es geschah
auf einer Lichtung
dass mein Herz
mir brach

Lisi:

Mr. Landor, ein gepflegter Herr im fortgeschrittenen Alter. Der es verstand sich dezent zu kleiden, dennoch mit einer gewissen Anziehungskraft, die man nur bei Herren seiner Art fand. Wie er da stand, mochte dem einen oder anderen geschniegelt erscheinen. Doch verlieh ihm die Kleidung eine gewisse Vornehmheit. Sein Anzug aus feinstem Stoff, war sowohl elegant als auch zweckmäßig zu nennen.
Weit war er herumgekommen in der Welt. Er war der Sohn wohlhabender Eltern.
Sie hatten ihm eine gute Erziehung zuteil werden lassen.
Einige Privatschulen hatte er durchlaufen. Zugegeben mit gewissen Schwierigkeiten. Diese lagen nicht an mangelnder Denkfähigkeit, waren sie doch vielmehr dem Wunsch der Jugend entsprungen, allzu strenger, einengender Erziehung auszuweichen.

Eike:

Mr. Landor. Ein Gentleman von fünfundsechzig Jahren.
Schweres graues Haar, das bis auf die Schultern fällt.
Eine hohe Stirn, die von Gedankenfülle spricht.
Ein dichter Schnurrbart, der den Mund bedeckt.
Sinnliche Lippen ahnen lässt.
Die Augen tief in Höhlen.
Falten. Augenringe. Einkerbungen.
Ein Mensch, der erlebt, der erlitten hat.
Ein Mensch des Denkens.
Ein Mensch der Beharrlichkeiten.
Er sprach ohne Umschweife.
Geld hatte er gemacht. Ausreichend.
Mit Tran und Walrat. Nantucket.
Dreißig Jahre lang.
Dann war es genug gewesen.
Er hatte seine Geschäfte abgewickelt.
Kurz bevor es zur großen Walfangkrise gekommen war.
Er war rechtzeitig abgesprungen.
Ein Lächeln spielte um seinen Mund.
Darin keine Selbstgefälligkeit zu spüren war.
Ein Mann des Wissens.
Des Suchens.
Des Erreichens sicherlich auch.
Da er sich dieses Tal gefunden hatte.
Einen Ruhesitz.
Einen Ort der Zurückgezogenheit.

Ich wollte ihn fragen, ob sich ein solcher Ort nicht auch am Meer hätte gestalten lassen.
Ich unterließ die Frage.
Ich kannte die Antwort bereits.
Ich hatte sie mir selbst gegeben.
Es war dieses Tal.
Dessen Abgeschiedenheit, Verschlossenheit.
Dessen InSichGeschlossenheit.
Er hatte es gesehen.
Und gewusst, was daraus zu machen war.
Eine eigene kleine Welt, die es zu schaffen galt.
Daran nichts dem Zufall überlassen blieb.
Stimmte es, dass dem Menschen einst Unsterblichkeit bestimmt war, war dies nichts anderes als der Versuch einer Rückgewinnung.
Des Paradieses.
Nichts weniger als das.
Ich hatte es gesehen.
Ich hatte es in mich aufgenommen.

Lisi:

Er schien sein Leben intensiv gelebt zu haben. Was nichts anderes besagt, als dass es nicht spurlos an ihm vorbeigegangen war.
Angefangen als Kaufmann im Tuchhandel, hatte er später als Tuchfabrikant viele Jahre sein Geld verdient.
Die Freundlichkeit in seinen Augen schien ohne Arg. Als hätte er mit Erfolg sein ganzes Leben damit verbracht, Menschen einzuteilen. In Gut und Böse.
- Das ist nicht alltäglich. Da bei den meisten Menschen zunächst ein Misstrauen in ihrem Gesicht erscheint. Das sie unverletzlich machen soll. Damit sie ihrem eigenen ZuSchnellVertrauen überlegen sind. -
Landor hatte seine Arbeiter in der Fabrik immer selbst eingestellt. Viele Frauen waren bei ihm beschäftigt. Sie wusste er zu schätzen, wie sie umgekehrt auch ihn mochten.
Er wusste auch, wie man Baumwolle rupft. Hatte er doch eine Zeitlang als Aufseher der Sklaven gearbeitet, die auf den Feldern ihren Dienst taten. Der Besitzer der Felder entdeckte Landor's kaufmännisches Talent und empfahl ihn einem Freund.
Nach vielen erfolgreichen Jahren erfüllte er sich seinen Wunsch nach einem eigenen Anwesen.
Es musste in einem Tal liegen.
Ihn konnte die Weite nicht mehr allein erfüllen. Die Felder waren ihm viele Jahre weit gewesen.

Im Alter wollte er Begrenzungen spüren. Die er selber lockern konnte. Durch die Erschaffung einer von ihm gestalteten Landschaft, ja eines eigenen, kleinen Reiches.
Er war als Händler im Orient gewesen um Seide einzukaufen. Weite Reisen führten ihn durch viele Länder. In Griechenland lernte er seine Ehefrau kennen. Er liebte seine Frau über alles, und schätzte ihren Rat, wenn es darum ging in neue Technik zu investieren.
Vor vielen Jahren war sie gestorben. Niemand wusste ihre Krankheit zu benennen.
Sie starb von einem auf den anderen Tag.
Jahrelang war Landor untröstlich gewesen.
Sie hatten Anne, ihr einziges Kind, zuvor schon verloren.
Das würde er sich nie verzeihen können.
Sie war einem Kurpfuscher in die Hände gefallen. Weil sie sich zu einer Abtreibung entschlossen hatte.
Sie wollte ihren Eltern die Schande ersparen.
Als Unverheiratete ein Kind zu bekommen.
Noch dazu von einem Mann, der nichts darstellte. Dessen Verführungen sie erlegen war.

Eike:

Es gibt keine Dienerschaft.
Die beiden sind allein.
Die einzigen menschlichen Bewohner des Tales.
Annie, so stellte sich heraus, war Mr. Landor's Nichte.
Die Tochter seiner verstorbenen Schwester.
Eine weitere Erklärung wurde nicht gegeben.
Kein wann, und warum.
Kein wie lange ist es her.
Es klang nach einem SchonImmerSo.
Annie blickte zu ihrem Onkel hinüber.
Vertraut, und vertrauensvoll.
Vergeistigtes Grau ihrer Augen.
Grau wie ein Oktobermorgen.
Wenn der erste Schnee sich senkt.
Mr. Landor erwiderte ihren Blick.
Zärtliche Zuneigung.
Ich fühlte mich davon abgesetzt,
ausgeschlossen.
Doch nur auf Zeit.
Die grauen Augen nahmen sich meiner an.
Die Küche wollte sie mir zeigen.
Ihr Reich, ihr Refugium.
Doch nicht das allein.
Es gab einen Küchengarten hinter dem Haus.
Auch den würde sie mir zeigen.
Doch morgen, morgen erst.
Es dunkelte bereits.

Ein Bellen war zu hören von der Tür.
"Custos!"
Ein Lächeln sprang von ihren Lippen.

Lisi:

Annie, die mit Mr. Landor zusammenlebte, war eine junge Frau, die er kennengelernt hatte, als sie ihren fortgeflogenen Kanarienvogel suchte. Sie wohnte mit ihren Eltern und Geschwistern ganz in der Nähe.
Die Familie galt als nicht sehr wohlhabend. Annie, die älteste Tochter, hatte sich der Musik verschrieben. Sie war eine ausgezeichnete Pianistin und verfügte zudem über eine glockenhelle Stimme. Ihre Eltern waren nicht in der Lage, Annie ein eigenes Klavier zu beschaffen. Der Organist der Kirche, hatte sich Annie angenommen, ihr Talent erkannt und gefördert. Er unterrichtete sie. Seit Jahren ging sie täglich zu ihm, um dort in seinem Haus Klavier zu spielen.
Annies große Leidenschaft galt den Tieren. Ihr kleiner Kanarienvogel Piri lebte in einem zierlichen Vogelbauer, der draußen vor dem Haus auf einer Blumensäule stand. Wenn es das Wetter nicht zuließ, wurde er von Annie ins Haus gebracht.
Einmal war es geschehen, dass die Tür des Käfigs nicht verschlossen war, und Piri hatte die Gunst der Stunde genutzt, in die Freiheit zu gelangen.
Als Annie es bemerkte, machte sie sich weinend auf die Suche nach ihm.

So gelangte sie zu Mr. Landor's Anwesen, und beide bemerkten, dass Piri auf einem Käfig saß, in dem zwei Kanarienvögel waren.
Es war eine Freude zu beobachten, wie die drei versuchten, sich miteinander bekannt zu machen. Sie zwitscherten was das Zeug hielt.
Piri ließ sich aber willig von Annie einfangen. Glücklich stand sie da, und Mr. Landor stellte sich als Matthew Landor vor.
Annies Gesicht errötete leicht, und Matthew erkannte, was für eine Schönheit vor ihm stand.

Eike:

Custos. Custos, der Wächter.
Das also der Name des Mastiff, der uns in Empfang genommen, als wir das Tal betreten.
Er war gekommen, sein Abendmahl einzuholen.
Ponto wurde bei dieser Gelegenheit ebenfalls bedacht.
Die für sie bestimmten Töpfe wurden vor die Tür gestellt.
Custos sei das Haus nicht gewohnt, wurde mir erklärt.
Er käme zuweilen mit hinein, fühle sich aber unwohl, eingezwängt in vier Wände.
"Er ist ein Geschöpf der Sterne."
Es klang mir wundersam aus Annies Mund.
Wir standen, betrachteten die Hunde, die mit Heißhunger bei der Sache waren.
Etwas Verlegenheit kam auf durch unser Schweigen.
Ich versuchte es durch Fragen zum Tal und seiner tierischen Bewohner, etwa der drei zahmen Hirsche, aus der Welt zu schaffen.
Doch sie lächelte nur und vertröstete mich auf später.
Mr. Landor sei gewiss gerne bereit mir auf alles Antwort zu geben.
Mr. Landor hatte sie gesagt.
Als ob es sich um einen Fremden handele.
Wie sich dies wohl mit den vertrauten Blicken von vorhin vertragen mochte?
Zu bedenken wäre dies Befremden.

Zu beschreiben ein Berühren unserer Hände, als sie mir die Näpfe reichte.

Hickory = the mystery tree

Dieser Baum ist der Schlüssel.
Er wacht über das Tal.
Jenseits die Wildnis.
Ein WächterBaum.
Er trennt.
Er scheidet.
Wildnis, das ist dort draußen.
Außerhalb.
Eine Verbindung findet nicht statt.
Die Wildnis ist ausgeschieden.
Innerhalb des Tales herrscht 'neatness'.

The quality or condition of being neat:
his obsessive neatness.

neat = gepflegt, sauber, ordentlich, akkurat, schmuck, reinlich

Dies ist das Tal.
Geschaffen.
Dort steht der Baum.

Dieser Baum.
Wild und gezähmt zugleich.
Darum steht er am Rand.

Darum sein Bleiben.
Dieser Baum, der etwas zu sagen hätte.

Lisi:

Annie stellte sich auch vor. Und Matthew lud sie
zu einer Tasse Tee ein. Im Haus kamen sie an
einem Zimmer vorbei, dessen Tür offenstand.
Ein wunderschönes Klavier mit Kerzenhaltern
stand darin.
Ein kaum hörbarer Seufzer entschlüpfte Annie.
Matthew war es nicht entgangen.
Das Klavier war ein Erbstück. Er selbst war des
Klavierspiels nicht mächtig.
Nach einer kurzen Plauderei beim Tee, hatte
Annie sich verabschieden müssen.
Der Organist wartete.
Matthew nahm Annie das Versprechen ab, dass
sie bald wiederkommen, und ihm dann auf dem
Klavier vorspielen würde.
Es entwickelte sich schnell eine Freundschaft
zwischen Matthew und Annie. Er liebte ihre Art.
Er liebte ihr Klavierspiel. Er mochte die Stunden
mit ihr.
Und es dauerte nicht lange, bis es soweit war,
dass Annie täglich ihre Zeit bei ihm verbrachte.
Er war wie ein Vater zu ihr.
Sie schien ihm seine Tochter zu ersetzen.

In den Wellen der Zeit
liegt es lange schon
das Tal mit den Flügeln
berührt mich zutiefst
als läge es da
mir Wunder zu zeigen

die ich in Träumen
niemals erdachte
der vielen Bäume
eigene Sprachen
ein Haus
und wer darin
wohl wohnt
und welche Farben
das Warten hat
und wie
es sich
so spürbar
lohnt

Eike:

An Erklärungen sollte es nicht fehlen.
Sie wurden bereitwillig und, wie mir schien, auch aus einem gewissen Mitteilungsbedürfnis heraus gegeben.
Ich erfuhr, dass nur sehr selten verirrte Reisende wie ich den Weg ins Tal fänden. Ansonsten seien es Arbeitskräfte aus dem benachbarten B - die bei Gelegenheiten, die ihre eigenen Kräfte oder Fertigkeiten überstiegen, zeitweise angeheuert würden.
Während Annie in der Küche hantierte um das Abendessen zu bereiten, nahm sich Mr. Landor meiner an und führte mich im Haus umher.
Es war überall ähnlich einfach und geschmackvoll eingerichtet wie das Wohnzimmer.
Auch das Zimmer, das mir zur Nachtruhe bestimmt war.
Das Abendessen entsprach dem Gesamteindruck. Überraschend einzig der Burgunder, der zum Lammfilet gereicht wurde.
Das Gespräch war lebhaft und berührte die Literatur unserer Tage.
Die Rede kam auf H.D. Thoreau, der jüngst eine Rede 'Über die Pflicht zum Ungehorsam gegenüber dem Staat' gehalten hatte, und den jungen Walt Whitman, dem Annie eine große Zukunft voraussagte.
Ich war gleichermaßen erstaunt darüber, wie Nachrichten über solch weit entfernt sich

entwickelnde Dinge ihren Weg in die Einsamkeit dieses Tales gefunden hatten, wie über den Feuereifer, mit dem sich Annie dieser Sachen annahm.

Mr. Landor hingegen hielt es mehr mit Hegel und dem Grafen Pückler, insonderheit dessen Schriften zur Landschaftsgestaltung.

Mit besonderem Interesse lauschte ich Mr. Landor's Darlegungen seiner eigenen Anschauungen zu diesem Thema.

Sie erschienen mir dermaßen außergewöhnlich und für seinen, wie den Charakter des Tales, bezeichnend, dass ich ihnen einigen Raum einräumen möchte.

In der Natur ist alles vollkommen, führte Mr. Landor aus, jeder Baum, jeder Strauch, jedes noch so kleine Pflänzchen.

So ist es im Einzelnen, doch im GroßenGanzen lässt die Natur diese Schönheit missen. Sie lässt sich gehen, sie ist verschwenderisch im Übermaß. Man nehme nur den Urwald dort draußen. Er ist amorph, formlos, wie eine Amöbe.

Und ist es nicht das Übermaß, so sind es kompositorische Mängel, die dem betrachtenden Auge ein zunächst unbestimmtes, dann sich immer deutlicher äußerndes Unbehagen bereiten.

Was der Natur fehlt, ist die Anpassung an die Augen, die sie auf Erden würdigen sollen.

Dies zu erreichen, darin liegt die Aufgabe der Landschaftsgestaltung. Die sich hierin entwickelnde Kunst erst vermag die Natur ins rechte Licht zu rücken, Akzente zu setzen, ihr Form und Schönheit zu verleihen.

Ich hielt dagegen, erzählte von meinen Wanderungen durch die Blue Ridge Mountains, den Ausblicken auf das Tal des Shenandoah, sprach von den Fällen des Niagara und der Küste Acadias.

Mr. Landor pflichtete mir bei was die Schönheit dieser Landschaften betraf.

In all diesen Fällen, fügte er jedoch hinzu, handelt es sich um großräumige Landschaften. Da spielten geologische Beschaffenheiten mit hinein. Ein Faktor, der ohne Zweifel auch im kleineren Maßstab der Landschaftsgestaltung durch den Menschen zu berücksichtigen ist. Ich sollte das bitte nicht falsch verstehen. Es ginge beileibe nicht darum, sich der Natur zu überheben, sondern ein Zeichen der Vollkommenheit zu setzen. Dafür brauchte es in der Tat einen sehr besonderen Ort, einen, wie er ihn in diesem Tal gefunden habe. Erst nach langem Umherreisen, und nur durch Zufall seien sie schließlich darauf gestoßen.

"Das war eine schöne Zeit, damals", unterbrach Annie, die bis dahin schweigend gelauscht hatte, "wir haben viel gesehen von der Welt, und viel erlebt."

Sie schaute träumerisch, ihren Blick wie in weite Fernen gerichtet. Und doch schien es mir, als lausche sie tief in sich hinein.

Unter solchen Gesprächen verlief der Abend.

Lisi:

Der Reisende Henri le Rennet

Benommen von dem Tag
der mir das Paradies gezeigt
wie konnte er mich so ergreifen
dass meine Augen lichterfüllter
nie gewesen sind
dass alles was ich liebe
sich auf die Waage legen muss
um neu justiert zu werden
mir ist im Sinn der große Tulpenbaum
der einen breiten Schatten macht
wie ich ihn von Zypressen
gar nicht kenne
und sie
die lächelnd vor mir stand
als ich sie sah
sie wunderbar zu nennen
wäre viel zu wenig
es war doch so viel mehr
in meinem Kopf
schält sich die Zeit
aus Findlingen heraus
spricht mir von Anmut
in der Kunst
wie rührte es mich an
als ich in ihre Augen sah

so nah die Anmut
der Natur
dass sie mir
wundervoller war
als alles je zuvor

Eike:

Mr. Landor verabschiedete sich bald.
Entschuldigte sich. Er sei es gewohnt früh zu Bett zu gehen.
Er wolle noch etwas lesen. Dann die Augen schließen.
Außerdem würde er morgen mit Sonnenaufgang nach B- aufbrechen.
Es sei Post zu bestellen, abzuholen.
Auch weitere Erledigungen, Einkäufe zu machen.
Kutsche und Pferde waren in einem der Nebengebäude untergebracht, die ich bei meinem Kommen zwischen den Akazien- und Trompetenbäumen jenseits des Baches hatte durchscheinen sehen.
Ich wollte schon fragen, ob Annie ihn nicht begleiten sollte, als ein WehmutsBlick aus ihren Augen mich erreichte.
Das verwirrte mich.
Ich schwieg.
Und zögerte.
Verwunderte mich.
Noch mehr, als Mr. Landor, bereits in der Tür stehend, die Einladung aussprach, noch einen Tag länger zu bleiben, um mir in aller Ruhe die Schönheiten des Tales zu ergründen.
Ich sagte zu.
Meine Neugierde war ohnehin geweckt.
Hatte die Augen ganz weit aufgeschlagen.
Es war das Tal.

Selbstverständlich.
Seine Bewohner.
Mehr noch.
Annie.
Wenn ich vermutet hatte, dass sie sich Mr. Landor anschließen würde, sah ich mich getäuscht.
Sie bat mich darum, ihr in der Küche behilflich zu sein.
Ich war mit Freuden dazu bereit.

Lisi:

Annie

Der mich so ansieht
als lese er
ein Buch in mir
und wie er immer
näher wird
dass ich es nicht mehr
leugnen will
vor aller Augen
steh ich da
und spür mein Herz
wie oft es
aus dem Takt gerät
nur seinetwegen
wie die Musik
die mich erfüllt
dass ich vergesse
durchzuatmen
vor lauter Angst
die Luft könne
das Glück mir nehmen
wenn er mich ansieht
weiß ich
dass der Himmel zaubern kann
noch schweigen seine Küsse
doch seine Hände
schaffen so ein Wohlbehagen

ein strahlender Morgen
stellt keine Fragen
es erahnt sich
eine mir fremde Welt

Eike:

Sie ist ernst.
Es liegt Sicherheit in ihrem Schritt.
In ihren Bewegungen Verletzlichkeit.
Sie eilt voraus.
Als fürchte sie sich.
Vor mir.
Vor sich selbst.
Beides wohl.
Es erscheint mir wie ein Hilfeersuchen. Ein lautloser Schrei.
Die Aufforderung sie zu begleiten ging dem voraus.
Sie wollte nach den Tieren sehen, hat sie gesagt.
Ihr abendliches Pensum erfüllen.
Sie eilt dahin. Sie wird nicht warten.
Sie hat mir erzählt, wie gerne sie Klavier spielen würde.
Sie hat es einstmals gelernt. Da sie noch ein junges Mädchen war.
Ich betrachtete ihre langen schmalen Finger. Die feinen Knöchelchen ihrer Hände. Sie sind wie geschaffen dafür.
Doch Mr. Landor, erklärte sie mir, möchte es nicht dulden in seinem Tal, da es der Ruhe abträglich sei.
Das Tal, das schwebt zwischen Himmel und Erde.
Die Sterne ein Band der Verschwiegenheit.
Ein Erkennen durchbohrt mich, wie eine Messerspitze, wühlt sich in meine Eingeweide.

Sie ist eine Gefangene!
Ich werde sie befreien.
Ich werde sie mit mir nehmen.
Ich werde sie in die Freiheit entführen.
Klavier soll sie spielen. Und ich werde neben ihr stehen. Die Seiten ihres Notenheftes umblättern.
Es brennt wie eine Fackel in mir das Verlangen Entfremdungen aufzuheben, Geheimnisse zu entschlüsseln.
Etwas wie die Fermatsche Formel.
Beiläufig hingekritzelt. Eine Randnotiz.
Der es nachzuspüren, die es aufzufassen gilt.
Was Romantik ist, seinem Wesen nach.
Geisterhaft.
Eine Sternschnuppe, die fällt. Und nicht aufhören will zu fallen.
Doch sie muss zischend sich mit dem Geplätscher des Baches verbinden.
Und die Kieselsteine darin werden, wie von unsichtbarer Hand berührt, eine Melodie anstimmen, ein nächtliches Memento mori.
Denn auch sie sind einstmals Sternschnuppen gewesen.
Toter Seelen unerfüllte Wünsche.

Lisi:

Der Reisende erzählt

Nachdem ich von Mr. Landor und Annie soviel erfahren habe, will ich von mir erzählen. Wohl dosiert. Wie es immer richtig ist.
Mein Name tut nichts zur Sache. Ich nenne mich deshalb Henri, wohlwissend, dass man mich verkehrt einschätzen kann. Nur soviel: ein Franzose bin ich nicht.
Diverse Schwierigkeiten mit mir selbst veranlassten mich zu der Reise. Ponto, mein über alles geliebter Kamerad begleitet mich. Wie immer der Verlässlichste überhaupt.
Ich verrate nicht zuviel, wenn ich sage, dass ich mich in einer Krise befinde, die ich nicht wahrnehme, die andere mir andichten. Nur weil ich den Genüssen des Lebens einen gewissen Wert beimesse, bin ich ihnen nicht verfallen. Und doch. Ich versuche, mich kurzzeitig zu kasteien.
Will mich freimachen von allen Zwängen.
Eine Weile nicht malen, nur schreiben, wenn ich nicht anders kann. Will ein Beobachter sein.
Ich werde sehen, wieviele Bilder mein Kopf speichern kann ohne zu platzen.
Gestern kurz vor meinem Aufbruch erreichte mich ein Brief meines Freundes Charles.*
Ihm werde ich antworten.

Mein hoch geschätzter Freund

Die Bäume stehen da wie große Brüder
und ringsherum berührt mich die Natur
da singt die Amsel täglich ihre Lieder
gemalt in Ockerfarben liegt die Flur

Da liegen Bilder in dem kleinen Orte
neigt sich ein Hügel mit verschlungnen Pfaden
da wachsen Äpfel von der süßen Sorte
die Ferne macht das Kurvige zu Geraden

In allen Farben glitzern Wassertropfen
es legt die Sonne ihre Stunden auf das Land
und du schreibst mir dass so viel grüner Hopfen
in Sträucher klettert und die Blüten fand

Und eine Ahnung möchte wahrgenommen
werden
sie stellt sich dichte Nebelwände vor
die tauchen Weiden in das Leise ohne Herden
die Zäune morsch und angelehnt das Tor

Mein Bester, ich könnte dir weitererzählen, von
etwas unvergleichlich Wunderbarem,
aber ich habe es zunächst nur mir reserviert.
Später, wenn ich mir klarer bin, sollst du es
auch erfahren.

Nachschrift

Ponto legte gerade seine Pfote auf den Brief.
Nun denn, hat er dann auch seine Handschrift
hinterlassen

* gemeint ist Charles Dickens

Eike:

Es waren da zwei Stallgebäude, die in einigem Abstand und lockerer Rechteckform zueinander standen.
Wie ich es rund um das Wohnhaus gesehen hatte, fanden sich auch hier die in die Rasenfläche eingelassenen Granitplatten, die den Zugang markierten.
Dort lagerte, dem Custos zur Seite, ein Kater gewaltigen Ausmaßes, der zweifellos dem Geschlechte der Coons entstammte.
Mein Ponto gesellte sich hinzu, und wurde freundlich aufgenommen.
Die Gebäude waren ganz aus Holz errichtet und trugen einen Anstrich in leuchtendstem Weiß.
Das gab einen bildhaften Kontrast zu den schattenden Bäumen.
In einem der beiden Gebäude waren die beiden Kutschpferde, zwei Milchkühe und eine Schar Hühner untergebracht, im anderen die Kutsche, ein leichtgängiges Gefährt, sowie allerlei Gerätschaften, wie man sie für die Landwirtschaft gebrauchte.
Pferde wie Kühe wurden von Annie mit zärtlichen Worten bedacht, die sie ihnen in die Nüstern hauchte.
Muntereres Schnauben und Wiehern deuteten auf Wohlbefinden und freudiges Erwidern.
Auch der Hühner wurde mit Hingabe und der Darreichung einiger Leckerbissen gedacht.

Stolz hob mir Annie ihren Liebling, eine Henne mit langem flaumigem Gefieder entgegen, die ich streicheln sollte.
Es war in der Tat ein ausgesprochen angenehmes Gefühl, zumal sich Annies und meine Hand erneut begegneten.
Es gab kein Zurückweichen. Unsere Finger glitten ineinander, verschränkten sich in einer leichten Beuge.
Unsere beiden kleinen Finger tanzten ihr eigenes Menuett.

Lisi:

Matthew und seine Gedanken

Wie sehr Annie mir am Herzen liegt. Es ist wohl so, dass sie mich an meine Tochter erinnert. Und dass ich mir geschworen habe, meine Schuld abzutragen. Indem ich auf sie aufpasse. Ihr alles ermögliche, was sie benötigt um glücklich zu sein. Sie kann auf mich zählen, wenn sie einen besseren Lehrmeister, als den Organisten braucht. Es wird nicht mehr lange dauern, bis sie ihn überflügelt. Ich werde ihr die Welt zeigen. Und sie in die Gesellschaft einführen.
Manchmal wird etwas traurig in mir. Ich betrachte sie, und bin mir nicht sicher, was ich für sie empfinde. Aber ich will wie ein Vater sein zu ihr. Ich darf nichts anderes zulassen. Ich könnte es nicht ertragen, sie womöglich unglücklich zu sehen. Wie sie mich ansieht. Sie vertraut mir. Sie befolgt meinen Rat.
Wären da nur nicht die Blicke, die ich beobachtete, als sie mit dem Reisenden sprach. Seine Blicke besonders.
Wie er sie hemmungslos anstarrte, als habe er niemals Benehmen gelernt.
Und wie sie ihm nicht auswich.
Und später sahen sie sich wieder an. Sehr interessiert.
Beide.

Und warum spürte ich einen Stich? Weil ich
nicht ihr richtiger Vater bin.
So sieht es doch aus. Da kann ich mir einreden,
was ich will.
Und wenn da doch etwas in mir ist, was nicht
sein darf? Was dann?
Ob sie glücklich ist bei mir?

Es sind die Bäume
die wichtig sind
wenn eine Landschaft
leben soll
und wenn ein Bach sich
heller singt
damit die weißen Kiesel
leuchten
wie mir die Schönheit
imponiert
und ihre Harmonie

unversehens
macht der Himmel
sich manchmal weiter
wenn der Wind
in der Ulme spielt
dass sie sich öffnen kann
und viel mehr Himmel
zeigt sich dann in ihr

Und wenn der Tulpenbaum
nicht weiß wohin

mit seinem wunderschönen Bild
und dasteht wie ein junger Gott
klopft mir das Herz wie wild
er stillt mir meine Sehnsucht
die mich trifft mit voller Wucht

Es sind die Bäume
die Architektur
und alles zusammen
und niemals ein nur
es ist
dein Klavierspiel
dein fröhliches Singen
alles ist da
sich zu bedingen
hörst du die Bäume
und wie sie rauschen
geliebte Annie
sie sind mir im Blut
und du und du
tust mir so gut
und warten will ich
auf dich auf dich
es darf nicht sein
es kam über mich
so werde den Mund
ich mir verbieten
will dich doch hüten
ich schwor es
ich schwor

doch dein lebhafter Blick
ist manchmal so scheu
und der Wind in der Ulme
macht den Himmel so neu
als wollten Flocken
zu tanzen beginnen
dass ich mich
hinter ihnen verstecke
mich niemand
entdecke darin

…

Eike:

Wir ließen nicht mehr voneinander.
Der Kater, der meinem Ponto freundschaftlich gesonnen schien, gab uns das Geleit.
Ein Skunk, dem wir großzügig Vortritt gewährten, kreuzte unseren Weg.
Als wir den Bach erreichten verabschiedete sich der Kater und kehrte zu den Stallungen zurück.
Wir verharrten für eine Weile, und Annie verstärkte den Druck ihrer Hand.
"Bevor ich zurückkehre, setze ich mich meist noch für einige Zeit auf eine Wiesenbank, die ich mir am Rande des Wassers geschaffen habe", sagte sie, "dort kann ich sitzen und nachdenken."
"Fürchtest du dich denn gar nicht. So ganz alleine bei Nacht?"
"Ich fürchte mich nie."
Eine Antwort, die ich so halb und halb erwartet hatte.
Und mich dennoch augenblicklich in Unruhe versetzte.
Ist es dem Menschen denn nicht natürlich, um nicht zu sagen, eingeboren, dass er Furcht empfindet in der Schwärze der Nacht?
Und dann hatte sie ein sehr bestimmtes 'Nie' gesprochen. Und ich fühlte, dass sie es auch so meinte.
Ein Mensch, der keine Furcht empfand.
Das verunsicherte mich, wie es der Verunsicherungen beinahe schon zu viele

waren, die ich in Annies Nähe verspürte. Dafür konnte es nur eine Erklärung geben: ich war verliebt.
Ich hätte sie nun, da wir auf dem Grasstück Platz genommen hatten, in den Arm nehmen und küssen sollen.
Die soeben angesprochene Scheu hielt mich davon ab, obwohl ich mir gewiss sein konnte, dass sie sich mir nicht entzogen hätte.
Etwas anderes kam hinzu. Ich wollte ihr die Entscheidung über das Wann und Wo überlassen.
Ich war in einer Wunderwelt angelangt. Einer Zauberwelt der Sinne und des Gefühls.
Ich wollte mich überraschen, verzaubern, hinreißen lassen.
Ich erzählte Annie einige Episoden von meinen Reisen zu Lande und zu Wasser. Besonders die Geschichte vom Goldkäfer hatte es ihr angetan.
"Ach, ich wünschte, ich wäre dabei gewesen, und hätte an der Enträtselung dieses Geheimnisses teilhaben dürfen. Aber ach, ich bin ..."
Sie sprach es nicht zu Ende. Und ich ... ich fühlte mich wie angefasst. Eine Berührung des Schmerzes.
Die Gefangene des Tales. Das war es doch, was sie hatte sagen wollen.
Als ob es sich um einen endgültigen Richtspruch handele. Eine Verdammte bis ans Ende ihrer Tage. Das durfte nicht sein.

Und sie, obwohl sie mein Bedenken spüren musste - setzte sich darüber hinweg.
Freilich würde sie das Meer vermissen, das Meer liebte sie sehr. Doch hatte sie auch den Bach liebgewonnen, und den See.
"Ich freue mich darauf, ihn dir morgen zeigen zu können."
Sie sah zu mir auf.
"Ich weiß, was du mich fragen willst. Und kann dir erneut nur diese eine Antwort geben: Mr. Landor will es so. Wir fahren nach B - hinüber, wir stehen mit aller Welt in Verbindung. Es fehlt mir an nichts. Sogar die neuesten Notenbücher und Notenhefte erreichen mich hier."
"Doch kein Klavier."
Ich hätte es nicht sagen sollen.
Sie erhob sich.
"Komm", sagte sie, "es wird Zeit."
Ihre Hand verwehrte sie mir nicht.
Schweigend schritten wir zum Haus zurück.
Ich hatte mich damit abgefunden eine einigermaßen kühle Verabschiedung zu erfahren.
Doch kaum dass wir die Ecke mit dem prächtigen Weinstock erreicht hatten, fiel sie mir um den Hals und küsste mich mit einer Leidenschaft, auf die ich nicht gefasst war, wiewohl ich sie in ihr hätte vermuten müssen.
Es war so schnell gekommen, wie es vergangen war.
Sie löste ihre Lippen.

"Hasse mich nicht. Du darfst mich niemals hassen, hörst du?", flüsterte sie mir ins Ohr. Dann lief sie davon.

Lisi:

Annie spricht über sich

Ich bin verwirrt. Und ich fühle es. Und immer dann muss ich mindestens dreizehnmal diese Verwirrung bedenken.
Oft reicht selbst dreizehnmaliges Verwirrungsnachdenken nicht aus.
Es ist wie in der Musik. Wenn man sie verstehen will, muss man sie fühlen. Und dann denkt man nach.
Ich glaube, es gibt drei Welten.
Die erste Welt ist die Familie, in die man hineingeboren wurde.
Die zweite Welt ist die andere Welt. Die Welt außerhalb der Familie.
Die dritte Welt ist die selbstgeschaffene Welt. Das ist die interessanteste.
Diese Welt kennt kein anderer. Man kann jemanden in sie hineinlassen. Man kann ihn wieder hinausschicken, ohne sich rechtfertigen zu müssen. Denn man selbst ist ja der Schöpfer dieser Welt. Sozusagen sein eigener Chef.
Das ist auch keine geträumte Welt. Die wäre ja langweilig. Man wüsste ja von vornherein, dass alles nur erdacht ist und gar nicht stimmen kann.
Diese dritte Welt besteht aus Wirklichkeiten. Die werden von mir herausgesucht aus den zwei anderen Welten. Neu zusammengestellt.

Da gibt es Kombinationen, die fallen einem gar nicht vorher ein. Die ergeben sich meistens so. Dann kann man sie so lassen, oder verwerfen. Das Tolle ist: wenn es mir nicht mehr passt in der ersten Welt, sehe ich mich in der zweiten um. Dort ist immer reichlich viel los. Und das meiste ist mir fremd. Was soll ich also mit den ganzen Informationen machen? Die ich nicht verstehe, die mir unangenehm sind. Die ich sehr mag, und die ich gut nachvollziehen kann. Richtig. Ich nehme was ich brauche, bediene mich bei den zwei Welten. Und packe alles in meine dritte Welt.
Es ist nun so, dass ich diese Welt nicht dritte Welt nenne. Ich habe ihr längst einen Namen gegeben.
Ich nenne sie die Einzigartige.
Und in diese Einzigartige, habe ich jemanden neu hineingestellt. Es ist Henri.

Eike:

Die Aufzeichnungen des ersten Abends *

Es ist zweifellos eine Kunst - die Landschaftsgestaltung.
Wo es darum geht, das Gegebene mit dem Gedachten zu vereinen.
Dies verlangt einen Blick in die Geheimnisse des Seins.
Des SichBefindens.
Darüber hinaus ein Schauen in das, was entstehen könnte.
Ein Visionsschleier, der Regenbogenhaut beigegeben - übergestreift.
In den Pupillen formiert es sich.
Drängend - verlangend.
Auf ein großes Werden gerichtet.

Es lässt sich die Landschaftsgärtnerei in zwei Hauptrichtungen unterteilen. Die englische und die französische, die natürliche versus der künstlichen Richtung. Als Sonderform ließe sich allenfalls noch die Italienische ins Feld führen. Die beiden letzteren, die französische und die italienische Schule anzuwenden, verbot sich in diesem Tal aus natürlicher Ursache.
Und doch finden sich genügend Elemente des Künstlichen, das dem Natürlichen abgerungen wurde. Es ist dies mit Augenmaß geschehen, ich

denke an die Anordnung des Baumbestandes innerhalb der Talflur. Dem entgegen stehen die, in meinen Augen, übertriebene Akkuratesse des Bächleins und des Sees, die in den Erdboden eingelassenen Geranientöpfe.
Neatness. Ein Zuviel davon.

Ein Mastiff ist weniger ein Hüte-, denn ein Wächterhund. Custos, der Wächter. Ein Zerberus.

Genueser Samt.
Das Muster kann sowohl durch Flor im Muster bei florlosem Grund als auch umgekehrt erreicht werden, wobei der Flor im Fond erscheint.

Ich liebe.

Denn Romantik, das ist das Wahre.
Was ich fühle ist wahr.
Was sollte wahrer sein als meine Gefühle.
Romantik, das ist Gefühl.

Dieses Gefühl braucht eine Erweckung.
Ein Erweckungserleben.
Es kommt der Tag, da rührt es dich an.
Von diesem Tag an wirst du ein Anderer sein.
Mir geschah es, als ich auf dieses Tal
hinunterblickte.
Das weiß ich nun.
Eine Berührung.
Die ging über mich hinaus.
Und fiel in mir zusammen.
Es wird, es kann kein Genügen mehr geben.
Ich werde nach Innen und Außen blicken.
Mit anderen Worten kann ich es zu diesem
Zeitpunkt nicht beschreiben.
Ich werde versuchen, Klarheit zu erlangen.
Nun heißt es, stark zu sein.
Denn tatsächlich: ich bin ein anderer geworden.
Ich, der ich meine eigene Geschichte schreibe.
Doch nicht meine allein.
Denn da ist Annie.
Und sie ist die Hauptfigur, eigentlich.
Sie ist das Herz, ist wie der Kern aller Früchte,
eine Blüte, die sich zu öffnen beginnt.
Ihr Erwachen wird mein Erzählen sein.
Sie ist diejenige, um deretwillen ich um Atem
ringe.

Mr. Landor?
Ich darf ihn nicht außer Acht lassen.
Keinesfalls.

Ich werde behutsam sein.
Und stets auf der Hut bleiben müssen.

Ich bin müde.
Die Augen schließen sich mir.
Ich werde schlafen und wachsam sein.
Mögen die Sterne uns alle behüten.
Es ist kein Arg in mir.
Ein aufkommender Schmerz.
Ich sinke. Versinke.
Ein Grasteppich öffnet sich mir.
Samten weiche Gefühle.

Ich liebe.
Denn Romantik, das ist Liebe.
In ihr wird alles wahr.

Warum sollte ich Annie jemals hassen?
Gäbe es einen Anlass dazu?

* sind in einiger Hast und Verwirrung
hingekritzelt. Ohne einer Struktur zu folgen.
Doch will ich sie stehen lassen als Ausdruck
meines Seelenzustandes.

Lisi:

Matthew voller Verzweiflung

sich zu begraben
begab
e s
sich
–
dieses Unerklärbare
hält still
verfängt sich
jauchzt empor
bedauert
zutiefst
unansehnlich
geworden
gewesen
ist
ein Schilfrohr
am Bach
während die Katze
heranpirscht
fallen
VolierenVögel
aus der Vorgeschichte
in die
Dämmerung
–
ein Salamander
auf dem Stein
vor der Robinie

nicht lange
ruht er sich
dort aus
die Sonne steht
zu tief
nicht mehr
erkennbar
–
die Landschaft
hat nichts
von ihrer Schönheit
verloren
da war keine Auflösung
alles blieb so
doch etwas
spürt anders
mustert mich fragend
knirscht
mit den Zähnen
wie Schritte
im Sand
abgewandert
entlang der Straße
ruht sich der Regen
in Pfützen aus
–
hat sich etwas
angesammelt
ausgebreitet
liegt ein Leben
macht Stichflammen
in den Kopf

zündet
tausend Blitze an
rauscht mir
in den Ohren
nie mehr
werde ich sie sehen
alles ist verloren
schwebt ein Verlangen
über mir
wie ein Damoklesschwert
das treffen will
–
mich zu begraben
begab
e s
sich
und
löste
meinen
Anker

Eike:

Meine Morgenröte

Mühsam vergeht die Nacht
es krallen sich
Stunde um Stunde
fest in mir
wie mit einem Enterhaken
immer tiefer
dringt es in mein Fleisch
bis nur blutige
Fetzen bleiben
Haarbüschel
eines kleinen
wilden Tieres
das um Schutz
und Zuneigung fleht
doch es gellen
Schreie aus dem Wald
dort werde ich
keine Zuflucht finden
dort lauern wildere
Tiere noch
hinter den Bäumen
groß und schrecklich
die werden mich
gänzlich zerfleischen
bis nichts mehr
von mir ist
nichts
doch noch

bleibt mein Hoffen
weil du mich gefunden
du
komm
wir wollen uns
in den Armen halten
ich möchte mich
an dich klammern
bis die Sonne aufsteigt
dann wird es vergehen
dann werden die bösen
Stunden verronnen sein
und niemals wiederkehren
weil du bei mir bist
du wirst
meine Wunden lecken
du wirst mein Haar kämmen
bis es wieder wächst
ich es über dir
breiten kann
in zärtlichen Stunden
ist eine große Leere geschaffen
in die
stürzen wir hinab

Ich erwachte
schweißgebadet
meine Hände griffen
tasteten
ins Leere
ins Nichts
bis ich etwas

fühlte
erspürte
Wärme
einen Fellbüschel
zu fassen bekam
Ponto
Ponto
der sich
zu meinem Bett
aufgerichtet hatte
mir das Gesicht zu lecken

Dies war, was ich im Traum erlebte, gesehen, und sofort, nachdem mich Pontos sorgenvolles Bemühen in den Wachzustand versetzte, niederschrieb.

Lisi:

Der Reisende am Morgen nach der ersten Nacht

Kein Wolkenbild
du bist zurückgekehrt
so wie du gestern warst
es liegt weit über dir
ein schmaler Streifen
Morgenrot
steh wie verloren dort
am Fenster
mit dem Schlierenglas
das grüne Gras
der ganze Weg ist voll davon
es kam mir vor
wie Genueser Samt
als ich darüber schritt
mich umzusehen
den Kopf hast du mir
gleich verdreht
es ist zu spät
mich umzudrehen
und einfach
fortzugehen

Eike:

Ich hatte mich fertig angekleidet und stand eben im Begriff mein Zimmer zu verlassen, als ich einen auf dem Boden liegenden Briefumschlag entdeckte, den mir jemand unter der Tür durchgeschoben hatte.
Ich hegte keinen Zweifel, dass es sich um eine Nachricht von Annie handelte, daher nahm ich den Umschlag mit einer nervösen Erwartung vom Boden auf.
Er war unbeschriftet. Als ich ihn öffnete fand ich ein Blatt feinsten Büttenpapiers, das ein ganz klein wenig nach Lavendel duftete. Darauf waren folgende Zeilen geschrieben:

Warum ich weine?
Weil dein Kuss
mich ahnen ließ
dass ich empfinden kann
weil ein Gefühl
in mir aufstieg
dass eine Welt
zu finden sei
die außerhalb
meiner Ängste liegt

Ich wollte
es würden die Weiden wandern
fort von der Mauer
in ein fernes Land
dort könnten sie

meinen Schmerz beweinen

Ich wollte
es käme ein Nordwind
der von Kälte singt
von einem Frost
der meine Schuld
zu Eis gefrieren ließe

Ich wollte
es käme in der Nacht
ein Dieb
der mein klagendes Herz
mit seinem Dolch
zerstieße

Annie verfügte über eine Schrift, die in ihrer schwunghaften Nachlässigkeit unbedingt einen Zug ins Genialische offenbarte.
Das war das eine. Darüber freute sich nicht nur mein Herz, das erfreute meine Sinne.
Schönheit lag darin.
Und Schmerz.
Ein Schmerz, der mir das Herz zu zerreißen drohte.
Und doch, nachdem ich meine anfängliche Bestürzung abgelegt und den Verstand eingeschaltet hatte, begann ich mit der Analyse dessen, was sie geschrieben hatte. Ich erkannte eine frappante Verbindung zu dem, was mir mein Traum vermittelt.
Es wohnte ein schlimmer Schmerz in ihr.

Es waltete ein Geheimnis.
Das ihr armes geplagtes Herz so sehr in Mitleidenschaft gezogen und in eine Ausweglosigkeit gedrängt hatte, die sie zu zerreißen drohte.
Doch es bestand Hoffnung.
Denn sie hatte sich überwunden.
Sie hatte einen ersten zaghaften Versuch unternommen, sich mir zu offenbaren.
Sie liebte mich, wie ich sie liebte.
Es war ihr dies genauso unvorhergesehen geschehen wie mir.
Und sie hatte ihr Herz in beide Hände genommen.
Das spürte ich, und das bewunderte ich.
Dieses Gedicht beschrieb ein vorsichtig tastendes Beginnen.
Dem ich mit Behutsamkeit zu begegnen hatte.
Auf mein Fingerspitzengefühl kam es nun an.
Mein weiteres Vorgehen musste von zärtlichem Verstehen geprägt sein.

Lisi:

Es gibt Tage, da hat der Himmel ein besonderes Gesicht.
Wolken ziehen vorbei, die haben sich abgesondert. Sie zeigen FarbNuancen, die normalen Wolken unbekannt sind. Sie schieben sich wie eine neugemauerte Wand in Klinkersteinen vor das gewohnte Bild. Und wenn man nicht aufpasst, bekommt man gar nicht mit, wie schnell sie wachsen können. Ich habe es Henri erzählt. Es bot sich an.
Matthew hatte ihn eingeladen, bei uns zu übernachten. Ja, darüber hinaus machte er ihm den Vorschlag noch ein paar Tage anzuhängen. Und dann hat Matthew mich angesehen, und er hatte Schmerz in den Augen.
Ich wollte es nicht sehen. Ich mag nicht, wenn er mich so anschaut. Erst recht nicht mit Schmerz in den Augen. Den hat er immer, wenn er von seiner verstorbenen Tochter erzählt, die übrigens Anne hieß. Anne ohne i.
Manchmal verwechselt er meinen Namen mit ihrem. Dann weiß ich, was die Stunde geschlagen hat. Ich seh ihm nicht in die Augen. Sein Schmerz kommt sonst in meine Augen. Das will ich nicht. Denn es kann ja sein, dass mir meine Augen aus den Höhlen quellen. Weil sie so voll von Schmerzen sind.
Ich spiel dann Klavier. Und dabei nehm ich ihm die Schmerzen aus den Augen. Ich leg sie in die Noten. Und es wird manchmal arg traurig. Denn

wenn ich noch meinen Schmerz hinzufüge, der in mir ist, den aber niemand sieht, dann kommen mir die Tränen. Und Matthew fragt mich dann. Und ich sag ihm jedesmal, es sei sein Schmerz, den ich ihm fortgenommen habe. Von meinem weiß er ja nichts.

An dem Abend mit den Klinkerwolken war es also so, dass ich mit Henri am Fenster stand. Zum Glück kam der Himmel mir entgegen. Denn ich war verlegen, ohne zu wissen warum. Obwohl, das stimmt nicht. Es lag daran, dass Henri meine rechte Hand genommen hatte. Einfach so. Er hat sie angesehen und gesagt, er habe noch nie Pianistenhände aus der Nähe gesehen. Und er hat einen Handkuss angedeutet.

Und rein zufällig sah ich in seine Augen. Und da war kein Schmerz. Deswegen konnte ich länger hinschauen. Aber nicht zu lange. Ich weiß ja, dass es sich nicht ziemt.

Ach, wenn ich nur wüsste, wie ich mich verhalten soll. Ohne unschicklich zu sein.

Ich würde ihn gerne ganz oft und lange ansehen. Weil er mir gefällt. Am schönsten ist es, wenn er lacht. Dann legt sich eine Weichheit in sein Gesicht. Und die ist so verlockend. Man möchte sich darin einrollen.

Ich hab es mir schon bildlich vorgestellt. Es geht. Ich hatte mich ganz eingerollt in ihn. In seine Weichheit.Und dann hab ich angefangen, mich wieder rauszurollen. Das war zum Schluss so, dass mir kalt war. Ohne Schutzhülle.

Eike:

Gedanken am frühen Morgen

Kunst.
Ist es Passion oder Besessenheit?
Oder geht es darüber hinaus?
Ist eine Grenze zu überschreiten?
Gibt es eine Grenze für die Kunst?
Und jenseits der Grenze liegt ... was?
Der Wahnsinn. Ja.
Eine Passion, das ist - nichts.
Eine Besessenheit wird notwendigerweise jedem künstlerischen Schaffen zugrunde liegen.
Und der Wahnsinn?
Wenn der Wahnsinn überschwappt?
Wäre es dann immer noch Kunst zu nennen?
Oder bliebe nur der Wahnsinn?
Wahnsinn, der keine Kunst sein kann.
Weil die Grenze überschritten ist.
Weil der Wahnsinn sein eigenes Gefüge und Wesen hat.
Auch wenn es auf den ersten Blick nicht immer zu erkennen ist.
Ein Wahnsinn, der ruht, der in sich ausgewogen erscheinen kann.
Es braucht kein Geschrei, keine Tobsuchtsausbrüche.
Dies ist der stillen Wahnsinn, der dir mit gesetzter Miene entgegentritt.
Jovial, kordial im Lehnstuhl sitzend milde lächelt.

Ist es das also, was ich hier vorgefunden habe?
Dass ich dieses Tal als einen Ausdruck des Wahnsinns aufzufassen habe.
Mr. Landor als den wahnwitzigen Schöpfer dieses künstlichen Paradieses.
Und welche Rolle Annie dabei spielt?
Ist sie Mr. Landor's Teilhaberin?
Auch sie vom Wahn befallen?
Nein!
Nicht Annie.
Annie nicht.
Und doch ... und doch ...
Sie nimmt Teil.
Nein. Ein entschiedenes Nein.
Sie ist die Gefangene.
Die Gefangene eines vom Wahn Befallenen.
Wer es nötig hat ein künstliches Paradies zu schaffen, oder sollte ich nicht vielmehr sagen - es zu unterhalten - wird seine Gründe haben.
Es wird ihn etwas dazu angetrieben haben.
Ein Zwang. Eine zwanghafte Notwendigkeit.
Darin liegt das Geheimnis verborgen.
Es muss einen Urgrund geben. Einen Auslöser, der dies alles in Gang setzte.
Es muss etwas geschehen sein.
Vor langer Zeit bereits.
Ein Ereignis von äußerster Tragweite.
Etwas Fürchterliches. Ein Verbrechen, eine Untat.

Oder - schrecklichster aller Gedanken - bin ich es, dem das Geschehen des gestrigen Tages die Sinne vernebelt?

Lisi:

Henri erzählt

Wenn ich sie vor mir sehe, gerate ich immer mehr in Unordnung.

Nicht, dass ich unbedingt ein Ordnungsfanatiker bin. Aber es ist nun einmal so, dass für Harmonie eine gewisse Ordnung unerlässlich ist. Und sie stünde mir gut an. Harmonie ist die Schwester der Schönheit. Ich bin nicht schön. Deswegen strebe ich für mich eine gewisse Harmonie an.
Alles hat seinen Aufbau. Der typisch ist.
Selbst die Wurzeln eines Baumes sind einer gewissen Ordnung unterworfen.
Möge uns das Wurzelwerk auch wirr erscheinen.
Das habe ich selbst überprüft. Zugegeben, der Wein vorher war kein vorzüglicher.
Aber er regte mein Gehirn an, und ich begann, einen nicht lange vorher eingepflanzten Baum wieder auszugraben.
Ich habe die Grobwurzeln und die Feinwurzeln gezählt.
Und kam in diesem Fall zu dem Ergebnis, dass die Feinwurzeln, die ja zum Beispiel wegen der Ernährung des Baumes da sind, in Hülle und Fülle vorhanden sind. Und sie sind natürlich für die Sinnenfreude des Baumes zuständig.

Die Grobwurzeln sind für den Halt verantwortlich. Und weniger zahlreich.
Das besagt nichts anderes, als dass jegliche Sinnenfreude mindestens so hoch einzustufen ist, wie der gewöhnliche Halt, den man nun mal hat. Obwohl eines das andere bedingt. Das ist ja klar.
Aber man kann ja auch Halt haben ohne Sinnenfreude. Aber das macht wahrscheinlich das Leben langweilig.
Und der Trieb ist wichtig. Er steuert ja übrigens auch den Menschen. Er hält die Sinne wach.
Ich fand meine Beobachtung mit dem Wurzelwerk des Baumes, bemerkenswert.
Eckte damit aber im Bekanntenkreis an.
Auch, weil ich dem Baum Sinnenfreude und Trieb unterstellte.
Man bezichtigte mich des Drogenkonsums, als ich es erzählte.
Was für ein Unsinn.
Ich bin gesund und sehr sinnenfreudig. Habe also beste Voraussetzungen für ein nicht langweiliges Leben.

Ich kann nichts dagegen tun. Annie verwirrt mich.
Und ich stelle diese Überlegungen an. Es ist nicht zu fassen.
Dabei ist es ganz einfach.
Ich habe mich verliebt.
Und dieser Zustand ist nicht erklärungsbedürftig.

Eike:

Die Nebel, die sich während der Nacht wieder über das Tal gezogen hatten, haben sich gehoben.
Eine strahlende Sonne ist aufgestiegen.
Was ich als Zeichen zu deuten geneigt bin.
Ein Hoffnungstag reckt seine Glieder.
Wir nehmen ein gemeinsames Frühstück ein.
Während Annie und Mr. Landor ein abschließendes Mal die Einkaufsliste überfliegen, bin ich zu den Stallungen vorausgegangen.
Ponto, dem meine freudige Stimmung nicht entgangen ist, springt munter voran.
Als wir eben die Brücke überqueren wollten, öffnet sich mir der Blick nach dem nordwestlichen Teil des Tales, wo das Bächlein seinen Eingang findet.
Die granitenen Felsstufen, die nun zur Gänze von der Sonne beschienen sind, nehmen sich aus wie die Ränge eines Amphitheaters.
Der Tulpenbaum prangt in der vollen Kraft und Frische seiner Farben.
Es strömte eine Wärme und Weichheit von ihm aus, die mich sogar an diesem entfernten Standort umspülte und die hoffnungsvollen Gefühle, die mich seit meinem Aufstehen begleitet hatten, fast bis zur Euphorie steigerten.

Tulip Tree - the splendid beauty

Kaum etwas, das ich mir vorstellen könnte, was von vergleichbarer Schönheit wäre wie ein Tulpenbaum im Herbst.
Zumal, wenn er so einsam steht wie in diesem Tal.
Einsam in seiner Dreiheit.
Als sei eine Ankündigung darin enthalten.
Etwas, das sich mitteilen wollte.
Es drängt sich mir auf.
Ja, da ist etwas, das mich packen möchte mit gewaltigen Kräften.
Etwas, dem ich nichts entgegenzusetzen habe.
Eine Ohnmacht, die mich überkommt.
Und sich in herrlicher Schönheit verliert.
Ein Auflösen meiner selbst.
Das an den Rändern sich zu schaffen macht.
Meine Haut, eine Rinde, die zu spelzen beginnt.

Im Zweifelsfrei einer Liebe, der ich mich geöffnet habe, begrüße ich diesen Morgen.
Im Flug des Grauhähers bezeuge ich sie mir.
Der Vogel weiß, was er will.
Der stürzt sich in die Butterblumen.
Dort wird es reichlich Futter für ihn geben. Und seine Gefährtin gesellt sich dazu.

In derlei Überlegungen fanden mich die beiden. Annie, die mir während des Frühstücks noch mit Zurückhaltung begegnet war, warf mir einen Blick des Verstehens zu. Ihr war dies ein tagtäglich vertrauter Anblick. Heute am frühen Morgen, noch ehe ich mich erhoben hatte, war sie zu den Tieren herausgegangen um sie zu versorgen. Mit welchen Gedanken sie sich dabei wohl getragen hatte? Ob sie meiner gedachte? Ja, es musste so sein. Und vielleicht waren ihr gerade bei diesem Ausblick jene Zeilen eingefallen, die sie mir unter der Tür durchgeschoben hatte.
Mr. Landor klopfte mir übermütig auf die Schulter.
"Ja, mein Freund, zuweilen beschleicht einen doch das Gefühl, dass es etwas wie Vollkommenheit geben könnte. Habe ich recht?"
"Gewiss Sir", erwiderte ich, "die Vollkommenheit erweist sich in Augenblicken. Und hier handelt es sich zweifelsfrei um einen solchen."
Mr. Landor griff nach meinen Händen.
"Und von diesen Augenblicken wünsche ich Ihnen noch viele zu erleben bis die Sonne sich gen Westen neigt. Sie werden mir heute Abend davon berichten."
Wir schoben die Kutsche aus dem Stall und spannten an.
Mr. Landor fuhr davon.
Wir sahen ihm lange nach.
Schließlich nahm Annie meine Hand.

"Ich liebe dich", sagte sie.
Hielt ihren Blick jedoch weiterhin geradeaus auf den Hügelkamm gerichtet, auf die Silhouetten der Bäume, die das Tal überragten.
Wenn ich jetzt doch nur die Zauberformel wüsste, die dem Leben einen neuen Weg eröffnet.

Lisi:

Annie erzählt

Ich bin mit Henri zum Bach gegangen. Er spricht manchmal in solch rätselhaften Worten, dass ich wirklich überlegen muss, was er damit meint. Sie sind so geheimnisvoll.
Matthew spricht in schönen Worten. Er sagt zum Beispiel, der Bach singt heller. Das hab ich sofort verstanden.

Henri sagt, man könne sich den Bach auch sehr gut vorstellen, dass es einem schaurig wird. Ich lachte ihn fast aus. Ein Bach, hab ich ihm gesagt erinnert mich an helle Glocken, und nicht an Totenglocken.
Henri hat mich angesehen und gefragt, ob er mir beweisen dürfe, dass ' ein sich schaudern' neue Wege eröffnet.
Das hörte sich spannend an. Und ich hab ihm zugesagt. Dunkelheit ist hilfreich, sagte er noch, und sah mich so anders an.
Bestimmt habe ich es mir nur eingebildet. Aber neben Henri am Bach, sah ich tatsächlich das Wasser mit anderen Augen.
Es hatte plötzlich Strudel. Und ich stellte mir vor, wie man darin ertrinken konnte.
Henri gab mir nur ein paar Stichworte. Aber sie verhalfen mir zu meiner Einbildungskraft.
'Zerrissener Boden' sagte er zum Beispiel.

Tatsächlich, ich hab sofort das Zerrissene gesehen. Ja, sogar Hakenfische, die aus den Ritzen des zerrissenen Bachbodens auftauchten. Hakenfische gibt es gar nicht. Aber ich hab sie genau gesehen. Sehr gefährlich sind sie, denn die Haken haben Spitzen, in denen Gift steckt. Obwohl sie ganz spitz sind, passt noch das Gift hinein. Unwillkürlich hab ich Henris Hand genommen.
Ich hatte Angst vor den Hakenfischen. Sie wollten mich aufspießen. Sie wuchsen schon über das Wasser hinaus. Ich begann zu zittern. Henri nahm mich schnell in den Arm, und ich konnte meinen Kopf unter seine Jacke schieben. Das war schön. Da war ich sicher.
Und ich hab sein Herz schlagen hören. Das war auch schön. Sehr sogar.
Und dann waren die Hakenfische weg. Und doch wollte ich am liebsten wieder unter seine Jacke. In Sicherheit schaudern.
Aber das wäre zu unschicklich gewesen.
Wir haben uns die Hand gereicht. Und manchmal gedrückt.
Und wir haben uns angesehen. Immer wieder.
Auf einmal war seine Weichheit wieder da.
Die ist nicht zum Schaudern. Die ist zum Kuscheln. Zum Wohligsein.
Und so hab ich mich schnell hineingekuschelt. Ich bin ja mittlerweile eine Meisterin darin. Und dann hat er mein Gesicht aus sich herausgeholt, und mir einen leichten Kuss gegeben.
Federleicht.

Und nur ganz kurz war ich verwirrt. Denn es bestand ja kein Grund dazu. Es passte doch so selbstverständlich. Weil er doch gerade in seiner Weichheit war. Und ich auch.

Eike:

'a mocking bird ... an oriole ... the impudent bobolink'

Es gibt Sänger, die singen im Käfig schöner als sie es in Freiheit täten.
So sagt man.
Das mag wohl sein.
Denn sie singen das Sehnsuchtslied der Freiheit, und legen ihr ganzes Herzblut mit hinein.
Es ist ihnen nichts geblieben als dieser eine Gedanke - frei zu sein.
Dem sie unverwandt folgen.
Dem sie sich verschworen haben.
Ihr ganzes Sinnen ist darauf gerichtet.
Doch ist es nur ein Traum, in den sie sich verstricken.
In dem sie zu Gefangenen ihrer selbst geworden sind.
Öffnest du ihnen die Tür, bleiben sie sitzen. Und singen weiter. Schöner denn je.
Die Freiheit singt einfachere Lieder.

Lisi:

Matthew Landor

Sie (Annie) ist mit ihm zum Bach gegangen.
Heiter wirkten beide.
Wenn ich mit ihr zum Bach gehe, sind wir auch
heiter.
Sie hängt mir an den Lippen, wenn ich ihr
Geschichten erzähle. Wenn ich ihr vorlese.
Sie ist so aufmerksam. Und ob ich ein guter
Erzähler bin, sehe ich in ihrem Gesicht. Es lebt
alles mit, als hätte sie es selbst erlebt.
Als sie zurückkamen, bemerkten sie nicht, dass
ich mich im Geräteschuppen befand. So bekam
ich alles mit, was nicht für mich bestimmt war.
Ich hätte es besser nicht mitangesehen.
Jetzt geht es mir nicht mehr aus dem Kopf.
Annie schaute nicht verwirrt aus.
Sie wirkte eher glücklich. Oder besser, als
stünde sie auf einer Vorstufe des Glücks.
Henri dagegen war glücklich. Das sah ich
deutlich.
Und ich hätte ihm am liebsten einen Schlag
versetzt.
Ponto trottete neben ihm her, als sei er
gewohnt, die zweite Geige zu spielen.
Kein Wunder, der arme Hund steht wohl
ständig zurück, weil sein Besitzer anderes zu
hat.
Es ist nicht nur eine Wut in mir.

Es ist eine große Traurigkeit. Eine Ahnung, die mich beschleicht, wenn ich an Annie denke. Wie lange noch wird sie bei mir sein?
Ich habe den Entschluss gefasst, mit ihr zu sprechen. Meiner Grübelei will ich entkommen. Auf jeden Fall werde ich behutsam sein. Doch sie soll es wissen. Ich muss es ihr sagen.

Inmitten versunkener Stunden
zwischen vorher und nachher
nicht wissen
welche Gefühle mich erwarten
ob sie einen Namen tragen
den ich kenne
das Wolkenschiff
zieht vorüber
dass es mich
aufnehmen möge
wenn meine Seele
der Traurigkeit nicht
entrinnen kann
...
ein Zittern in mir
das sich anfühlt
als wäre
der Abschied
schon
vorgestorben

Eike:

Ein weiter Horizont öffnet Herzen weit, ein abgeschlossenes Tal schnürt sie ein.
Es mag eine noch so schöne Gestaltung zugrunde liegen.
Wahrscheinlich ist es sogar die Gestaltung selbst, die dieses Gefühl des Umschlossenseins betont.
Und je vollkommener, umso stärker, beherrschender dieses Gefühl.
Eine Vollkommenheit, die sich bald selbst überhoben sein wird.
Die lang ausgestreckt auf ihrem kostbaren Diwan liegt.
Sie rekelt sich, spreizt sich, sich selbst zur Zierde, betont die augengefällige Schönheit ihrer Glieder, das Ebenmaß ihrer Gestalt.
Sie langweilt sich. Ein 'ennui'.
Unweigerlich versinkt sie in Grübelei und Melancholie.
Und sinnt auf Auswege.
Die sich nicht selten in Bosheit ergießen.
Man kann es ihr nicht verübeln, da sie es nicht besser weiß.
Denn in der Schönheit, glaubt sie, wäre sie nicht zu überbieten.
Also konzentriert sie ihr ganzes Sinnen auf das Böse, das Hässliche.
Nur hier, denkt sie, fände sie ein neues Betätigungsfeld.

Es verlangt ihr danach weiter über sich selbst hinaus zu reichen.
Die Schönheit aber liegt im Natürlichen.
Nur was natürlich gewachsen, ist schön.
Was von innen kommt.
Nicht aus Zwang, sondern aus einem Drängen nach Offenbarung.
Von Vollkommenheit kann keine Rede sein.
Gerade im Unvollkommenen, dort, wo sich das Ebenmaß ein ganz klein wenig verbiegt, sehen wir den wahren Reiz verborgen.
Ein schief gewachsener Ast, der unser Gefühl für die rechten Proportionen ad absurdum zu führen meint.
Ein Baum, der es sich in der Niederung wohl sein lässt, wo er doch auf der Erhöhung, dem Hügelkamm erst zu vollster Geltung käme.
Der Triumph des NatürlichSeins.

Lisi:

Henris Betrachtungen zur Vollkommenheit

Ist es nicht schön, wenn sich eine
Vollkommenheit noch steigern kann?
Der eine oder andere wird nun sagen, sie sei
dann keine Vollkommenheit gewesen.
Doch da muss ich widersprechen.
Eine Vollkommenheit ist nur solange
vollkommen, wie ich es will.
Die Beurteilung obliegt mir allein.
Es hat niemand das Recht, eine Vollkommenheit
als wahr hinzustellen.
Jemand findet zum Beispiel ein Gesicht
vollkommen oder ein Bild. Es ist dann seine
Vollkommenheit, die er meint.
Mir fehlt aber etwas Gewisses, zum Beispiel in
dem Bild. Also werde ich es nicht
vollkommen nennen.
Wenn mich etwas so erfüllt, dass ich partout
keinen Makel entdecken kann, dann wird es so
lange vollkommen sein, wie ich damit zufrieden
bin.
Sobald ich mir eine, wenn auch noch so winzige,
Verbesserung vorstellen kann, werde ich
anfangen zu bemängeln.
Darum kann jede Vollkommenheit noch
vollkommener werden.

Eike:

Küsse sind ein probates Mittel.
Zu allerlei.
Zur Gartengestaltung.
Zur HerzensBildung.
Dazu gesellen sich Zutaten.
Als da wären:
Die liebreiche Morgensonne.
Ein hymnischer Lufthauch.
Ein plätscherndes BächleinGewässer.
Ein ruhsames RasenLager.
(Es war das nämliche, wo letzte Nacht wir saßen.)
Auf dem wir niedersinken.
Eng umschlungen.
Ein BekenntnisGestammel:
"Ich liebe dich."
"Ich liebe dich."

Wie die Forellen springen!
Ob sie neugierig sind?
Ich leite die Frage an Annie weiter.
Sie lacht.

Wie wir glücklich sind!

Eine Frau, die über sich hinauswächst.
Die längst über sich hinausgewachsen ist.
Die von ihrer Liebe spricht.
Die ein Liebesgeständnis ablegt.
Jede andere hätte gezögert.
Hätte dem Mann den Vortritt gelassen.
Sie nicht.
Sie hat gesprochen.
Und doch spricht sie nicht.

Ich werde sie nicht drängen.

Lisi:

Matthew

Mit Grenzen leben wollte er, dem die Welt immer offen stand.
Der die Weite immer um sich hatte. Sich begrenzen um seine Reaktion zu erleben.
Würde er sich abstecken können? Sich einschätzen?
Ob man in Grenzen mehr Sicherheit findet? Weil man nicht hinausschießen kann übers Ziel, ohne sich dessen schnellstens bewusst zu werden?
Matthew war sich sicher gewesen, dass es für ihn das Beste sei. Im Alter noch einmal anfangen. Sich beweisen, dass man auch anders gekonnt hätte.
Er richtete sich sein Leben behaglich ein. Alles was er liebte, nahm er mit. Vor allem seine Welt der Gedanken, die so reich war. So riesengroß.
Hier würde er sie genauer kennenlernen.
'Bist du nun also im Tal angekommen', hatte einer seiner Freunde scherzhaft gemeint.
Matthew hatte gelacht.
'Du kannst dir nicht vorstellen, wie schön es unten sein kann.'
Das war seine Antwort.
Denn alles was ihm wichtig war, fand er hier.
Auch sich selbst.

Eike:

Annies Bild in mir

Ihre schmale Gestalt.
Ihr hoher Wuchs.
Die Geschmeidigkeit und Spannkraft ihres Schreitens.
Ihre grauen Augen wie ein Bergsee tief und unergründlich.
Ihr nun gelöstes kastanienbraunes Haar göttlichwild.
'Es gibt keine höchstrangige Schönheit', sagt Bacon, 'ohne eine gewisse Fremdartigkeit in ihren Proportionen.'
Was ebenso richtig wie schwer zu bestimmen ist.
Annies Nase, ein kleines Weniges unter dem Verhältnis bleibend, wie es die Venus von Urbino vorgegeben.
Ihr Mund eher demjenigen einer Maria Magdalena gleichend denn einer Madonna im Rosenhag.
Das ist ihr Bild.
Mein Bild von ihr.
Indem ich dies Bild entwerfe, wird Ihre Schönheit unvergänglich, ihr Andenken ewiglich.

Lisi:

Annie

Eine Katze, die sich anmutig putzt, sitzt neben der Ulme. Was für ein Bild des Friedens. Custos, der Haushund und Ponto liegen schläfrig.
Annie verlässt das Haus. Entgegen ihrer sonstigen Gewohnheit dreht sie sich heute nicht um.
Matthew tut es weh. Er liebt ihren sorgenden Blick. Ihr Augengrüßen. Selten zeigt er sich am Fenster. Er will nicht, dass es ihr eine Pflicht werden soll.
Doch sooft es geht, steht er seitlich des Fensters. In einiger Entfernung, aber doch so, dass er sie wahrnehmen kann, ohne sich selbst zeigen zu müssen.
Annie stellt den frisch gefüllten Wassernapf für die Hunde ab, und beschleunigt ihren Schritt.
Ein Lächeln liegt auf ihrem Gesicht.
Sie denkt an die Stunden am Bach. Henri und sie waren erst spät zurückgekehrt.
In Matthews Zimmer brannte noch Licht. Er war aber nicht gekommen, sie zu begrüßen.
Henri hatte sich auf eine besondere Art verabschiedet.
Auf den Handrücken ihrer rechten Hand malte er mit dem Zeigefinger ein Kreuz.
Auf den Handrücken ihrer linken Hand malte er ein X.
Verwundert sah Annie ihn an.

'Ich erkläre es dir morgen' , flüsterte er und gab ihr einen Kuss, der von Annie erwidert wurde.
Wenn ich zurückkomme, werde ich ihn fragen, nahm Annie sich vor.
Sie freute sich darauf. Doch zunächst würde sie den Organisten aufsuchen.
Es war ihr sehnlichster Wunsch ihm vorzuspielen. Mr. Pinter war jemand, dem sie sich öffnete wie niemandem zuvor.
Der alte, weißhaarige Mann, hatte es geschafft, ihr vollstes Vertrauen zu erlangen.
Ihm vertraute sie alles an. Bei ihm weinte und lachte sie. Er war der gütigste Mann, den sie sich vorstellen konnte.
Oh ja, sie hatte bei ihm gelernt, ihr Herz auf die Klaviertasten zu legen. Und die Finger so zu bewegen, dass ihr Herz einverstanden war damit. Wie sie es aufblätterte und es offenlegte, es interpretierte.

Eike:

Von der Reinheit

Am See.
Wir besteigen das Kanu aus Birkenrinde.
Annie sitzt vorne, ich steuere hinten.
Einige Paddelschläge genügen die Mitte zu erreichen.
Wir lassen uns treiben.
Annie rückt zu mir heran.
Schmiegt sich an, lehnt ihren Kopf gegen meine Schulter.
Wir schweigen.
Und schauen.
Wie merkwürdig ist dieser See.
Erst recht, wenn man darauf schwimmt.
Wenn von schwimmen überhaupt die Rede sein kann.
Es ist viel mehr, als ob man über eine Glaskuppel gleitet.
Darunter die Fische.
So klar und rein.
Wie künstlich stehen sie, fast unbewegt.
Glasgestalten auch sie.
Und wiederum gaukelt mir die Luftspiegelung, die mir am gestrigen Tag bereits so merkwürdig gewesen.
Nun wirkt es, als ob zwei Glasballons gegenseitig sich verschieben, schaukelnd, in steter Reibung begriffen.

Eine konvexe Funktion, die auf ihrem konkaven
Gegenüber sich auszubalancieren sucht.
Eine schiere Unmöglichkeit.
Und doch geschieht es.
Und geschieht uns, die auch wir uns gedoppelt
sehen.
In kristallener Reinheit.
Wie an feinen Schnüren gezogen, von gläsernen
Stäben bewegt.

Gläserne Reinheit
das sind wir
nicht

nein

dies ist ein See
sollte es sein
und erscheint
wie der magische Spiegel
eines Hexenmeisters

Reinheit.
Das ist die Abwesenheit von Schmutz.
Eine Unbeflecktheit.
Doch wenn die Reinheit beschädigt wurde,
wenn sich eine Trübung einstellte?
Wenn Schmutz eingedrungen war?
Dann geht es um ein Sich-Reinwaschen.
Eine Wiedergutmachung.
Ob es daher wohl kommt?
Und zu welchem Zweck geht es ein?

Geht ein in meinen Kopf.
Der sich nicht einverstanden zeigt.
Denn da ist eine andere Reinheit doch.
Eine Reinheit des Herzens.
Eine Unversehrtheit.
Die nie zu beschädigen sein wird.
Annie.
Annie ist das.
Ich weiß es.
Ich bin überzeugt davon.
Weil sie mir am Herzen liegt.
Ihr Kopf an meiner Schulter ruht.
Ihre Hand legt sich auf meine Brust.
"Ich höre es schlagen."
"Es schlägt für dich."

Lisi:

Henri mit sich im Gespräch

Tauchen ins Meer der Möglichkeiten
ins Ungenaue
nicht Festgelegte
immer wieder
neu entdecken
mehr will ich nicht
keine Erwartung
die mich enttäuscht
dem halbseitigen Kopf
gelingt es
geradeaus
zu sehen
die andere Seite
wie verloren
nicht in Trauer
einfach
beiseite gelegt ins grüne Gerank
des verwitterten Fensterkreuzes
dahinter das Zimmer
mit den vielen Büchern
sie stauben manchmal
wie der Efeu
es liegt soviel Zeit
in beiden
in einer Butzenscheibe
der Sonnenuntergang
in die Tiefe gesunken
ein Geflüster in Gold

steckengeblieben
fast erstickt
nistend
in meinen
Lebensfehlern
versuchen sich Vögel
zu erheben
mit schmerzhafter Brust
eingeknickten Flügeln
ein Versuch
zu entkommen
später die toten Vögel
in alten Festungen
Efeu
der seine Wurzeln
nicht mehr findet
über Jahre hinweg
nicht herausgekommen
aus sich
die Nacht
verhüllt sich selbst
mir ist nicht bang
in ihrem Schatten
tauchen
meine Träume tiefer

Eike:

Sich zu öffnen

das bedeutet
Geben
Nehmen lernen
Verstehen
das führt
zu
Vertrauen

einfach
ist es nicht

wir suchen einen Baum
der sich
uns öffnen wird
dem wir
uns öffnen
in dessen Schatten
unsere Schatten
abstreifen werden

wir uns finden

Elm - the opener

Die Ulme öffnet sich
sie weitet sich aus

indem sie Sonne
eindringen lässt
in unsere Herzen
die sich ihr ergeben
wird sie eine Öffnerin
bietet Trost
stillt Tränen
in ihren Armen
zeigt Hoffnung
ihr strahlendstes Gesicht

"Den alten Griechen war sie der Baum des Todes."
"Nein, Annie, da will ich es lieber mit den Kelten halten. Denen galt sie als der Stammbaum der Frauen. In ihrer Nähe sollen sich gerne Feen aufhalten. Vielleicht will sich uns eine zeigen."
"Und wird uns einen Wunsch erfüllen?"
"Sicherlich."
"So nimm mich in die Arme während wir warten."
"Das will ich gerne tun."

Lisi:

Annie und Mr. Pinter

Mr. Pinter, der sich an manchen Tagen mit
Gichtanfällen plagte, öffnete Annie die Tür.
'Ach, Mädchen', sagte er, als er ihr ins Gesicht
sah.
Er mochte Annie von Anfang an. Nicht nur ihrer
außerordentlichen Begabung wegen.
Sie hatte sein Herz geöffnet. Ihn herausgeholt
aus seiner Verschlossenheit.
Zu oft war er bei den Menschen auf
Unverständnis gestoßen.
Er ging, wie man gemeinhin zu sagen pflegt,
ganz auf in der Musik. Er wirkte oft ein wenig
verschludert. Ihn interessierte die Mode nicht.
Sie fiel ihm nichtmal auf.
Wenn er Orgel spielte in der Kirche, oder sich zu
Hause ans Klavier setzte, lebte er sich aus. Er
legte sich in den Rausch der Klänge. Er
überprüfte die Tonleitern mit flinken Fingern.
Er spielte Akkorde, als wüssten sie ein letztes
Mal zu erklingen, und gestalteten sich deswegen
ergreifend schön.
Er griff sich ans Herz, wenn ein Gefühl stark
wurde. Er jubilierte laut, wenn die Noten ihm
zujubelten. Kurzum, er war voller Gefühle, die
er aber nur in der Musik ausdrücken konnte.
Ansonsten war er, was andere Menschen betraf,
sehr zurückhaltend.

Er konnte sich am besten mit sich selbst
verstehen. Ihm lag nicht viel an Gesprächen. Er
war ein Sonderling.
Das hatte sich durch Annie verändert. Sie hatte
ihn zurück ins Leben gestellt. Er fand allmählich
wieder Freude an Unterhaltungen.
Heute sah er Annies Gesicht und wusste
Bescheid. So sieht Liebe aus, dachte er bei sich.
Und dann erzählte Annie. Sie sprach von Henri.
Sie erzählte vom Zauber des Baches. Sie
verschwieg ihre Küsse, dabei konnte sie sie
nicht verbergen. Ihre Augen erzählten ohne
Worte.
Sie nahm am Klavier Platz und begann zu
spielen. Robert Schumann: Träumerei.
Und beider Herzen öffneten sich.

Eike:

Von der Nähe und von der Entfernung

Die Steinmauer.
Sie ist etwas über vier Fuß hoch und besteht aus Findlingssteinen, die sich ohne die Verwendung von Mörtel ineinanderfügen.
Es ist ein Wunderwerk.
Sorgfalt waltete hier.
Zeit schien in diese Mauer verwoben.
Unendlich viel Zeit. Unendlich vielverschiedene Zeit.
Reelle Zeit und ideelle Zeit.
Weltzeit und Menschenzeit.
Ich helfe Annie auf die Mauer hinauf.
Sie nimmt Platz, ich setze mich neben sie.
Da liegt eine Welt unter uns ausgebreitet.
Ein weiteres Tal, in das sich unser Bächlein, nachdem es die Mauer passierte, ergießt.
Sanft fällt es bergab. Einige hundert Meter Wiesengrund.
Dann eine Biegung.
Dort wird es weitergehen. Und immer noch ein gutes Stück weiter.
Meilen um Meilen. Bis es in den Hudson mündet.
Dort ist die Welt.
Die große Welt. Eine andere Welt.
"Diese Mauer gleicht den Mauern von Troja, die so vieles gesehen haben. So hat diese Mauer meine Seufzer und mein Schluchzen in sich

aufgenommen, meine Tränen verschluckt. Es ist eine Mauer, die die Vergangenheit ausschließt."
Spricht Annie. Spricht es aus ihr. Spricht ihre Unweltlichkeit.
Ich liebe sie, wie sie schön und wie sie traurig ist.
Spiegelt sich in ihren Augen ein Licht, in dem Bäume grünen.
Heute ist jedes Gewölk von ihrer Stirn gewichen.
Auch wenn eine Schlange um ihr Herz geringelt lagert.
Es wird eine Kornnatter sein.
Die ist rot und golden.
Und zuckt und bebt.
Und Annie zaghaft fragt: "Werden wir den Abend noch erleben?"
"Wir werden leben und erleben."
"Wo?"
Und ich weise auf das untere Tal.
In die Weite, in die Welt hinaus.
"Dort", sage ich.
"Es ist so nah. Und doch so fern. Unerreichbar."
"Ich bin hier."
"Bleib. Bleibe bei mir. Nimm mich in die Arme."
Was ich tat.
Wir. Eng umschlungen.

In ihren Augen
wachsendes

Schweigen

alles was
sich bewegt
so
macht es
die Gedanken
leichter

was möchtest du?
eine einfache Frage
zu fragen
kennst du
die Furcht
anders als ich
nicht

Und ich fest entschlossen bin.
Ich nehme sie mit mir.
Dort hinaus.
In die Welt, in die sie gehört.
Wo sie wird Klavier spielen können.
Und wir uns lieben.
Ich sie in meinen Armen halte.
Fest und gut.
Annie! Ich werde keine Fragen stellen.
Und eine Stimme spricht:
'Hüte deine Schafe!'

Lisi:

Annie kommt heim. Von weitem sieht sie Matthew im Türrahmen stehen.
Jetzt beugt er sich zu Custos und Ponto hinunter. Beide freuen sich ihn zu sehen.
Er streichelt sie und spricht ihnen gut zu. Als Annie näher kommt, sieht sie seinen übernächtigten Gesichtsausdruck.
Ob er Sorgen hat?
Sie wird ihn fragen. Matthew schaut Annie an. Er kämpft mit sich.
Er weiß nicht, wie er anfangen soll. Es ist nicht der richtige Augenblick, redet er sich ein. Er sieht Annie, sieht ihr glückliches Gesicht. Und möchte sie nicht unglücklich sehen.
'Es gibt Nächte' , sagt er, ' da lässt der Schlaf nicht mit sich handeln.'
Annie nickt ihm zu.
Irgend etwas hält sie ab, ihm vom Bach zu erzählen.
'Ich war bei Mr. Pinter', sagt sie stattdessen. 'Es war heute besonders schön.
Ach, Matthew, was habe ich für ein Glück. Du ermöglichst mir, was ich mir immer gewünscht habe. Ich habe allen Grund dankbar zu sein.'
'Du musst mir nicht dankbar sein, ich tue es gerne, weil ich dich mag.
Es tut auch mir gut.'
Annie fällt ihm um den Hals. 'Trotzdem', sagt sie, 'trotzdem', und drückt ihn.

'Es ist ganz einfach' , hört sie Matthew sagen. ' Ich liebe dich, Annie.'
Annie hält inne. Seine Stimme hat anders geklungen.
Erschrocken schaut Annie ihn an.
Matthew weicht ihrem Blick nicht aus. Er fühlt sich erleichtert. Es war gesagt. Und nun wird man sehen, denkt er bei sich.
Annie nimmt ihre Arme von Matthews Hals.
Matthew ergreift ihre Hände.
' Du sollst es wissen, wie es ist. Aber für dich ändert sich nichts. Alles bleibt wie es ist.'
Annie bleibt stumm, sieht Matthew noch einmal an, entzieht ihm ihre Hände und geht ins Haus.

Eike:

Die Erinnyen

Der Blick geht nach Süden, weiterhin.
Von woher die Erinnyen schweben.
Sie sind nicht gekommen zu verzeihen.
Ich stehe und halte ihnen mein Schweigen entgegen.
Mit geöffneter Hand.
Nehmt es und geht.
Kehrt zurück.
Es gibt hier nichts mehr zu beweisen.
Seht! Ich pflücke die gelbe Blüte.
Es ist Johanniskraut.
Bereitet euch einen Tee daraus.
Trinkt. Und schlaft.
Haltet einen tiefen Schlaf.
Schlaft es euch aus.
Euer Zorn findet keine Nahrung mehr.
Hier stehe ich.
Und nun halte ich beide Hände geöffnet.
So stehe ich.
Unbewehrt.
Geht! Hier ist Vogelsang.
Der betäubt.
Lässt eure Flügel erlahmen.
Noch bevor ihr diese Mauer erreicht.
Nicht hierher kommt.
Nicht heute.
Heute ist ein anderer Tag.

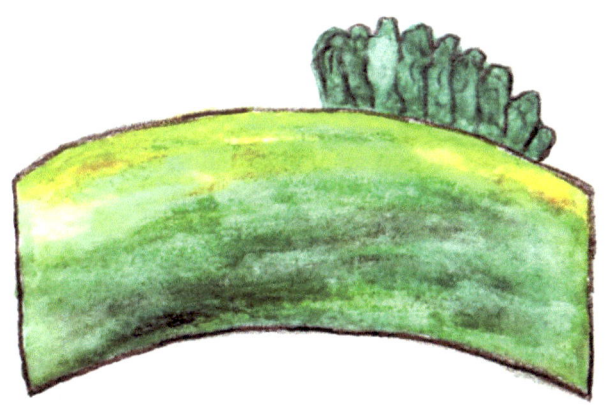

Lisi:

Henri

Henri hat Annie gehört, als sie ins Haus geht. Er tritt vor seine Zimmertür um Annie zu sehen. Er will ihr die Handzeichen erklären. Das Kreuz, das Schwere bedeutet. Und das x, welches verneint.

Die Möglichkeiten, die es gibt. Das Bejahen, das Verneinen.
Die verschiedenen Sichtweisen mit ihr zusammen entdecken. Er hat für sie geschrieben, noch in der Nacht.
Nicht so, wie er sonst schreibt.
Nichts Dämonenhaftes. Alles ganz sanft.
Für Annie, die ihm so viel bedeutet. Etwas schüchtern steht er da mit dem Brief in der Hand.
Er hat geschrieben, weil es sein musste. Genau jetzt.

Für dich Annie

Ein Warten ist da
ein sich Beobachten
meistens
ist es so
dazwischen
manchmal
verschweben sich Gedanken

setzen sich
in deine Brust
dir näher gekommen
musst du sie beachten
sie sprechen zu dir
vergeblich der Blick
nach oben
der Himmel in AusZeit
dein Blick muss tiefer gehen
unausweichlich
wenn du ihm nachgibst
dass du
tauchen lernst
in allen Meeren der Welt
Muscheln suchst
noch ohne
Perlmutt
später
…

Eike:

Willow - the gatherer

Weide
ich höre von dir
unsagbare Dinge
an den
fließenden Wassern
lässt
deines weiten Astwerks
flirrende Blätter
wehen
im Licht
vibrierende Silben
deiner Rede
ruhigen Bedachts
vor der Zeit
stehst du
wachsam
festen Fußes

"Hörst du sie, siehst du, wie der Wind sich in ihren Zweigen regt?
Wie er ihre Blätter zueinander dreht, bewegt?
Und wie sie klingen, glockenhell?
Es sind Zimbeln. Tausende von kleinen Zimbeln.

Die geschwätzig wohltönend
zusammenschlagen. Wie ein Orchester von
Zikaden.
Und sie tanzen dazu. Ein Reigen winzigkleiner
Dschinns. Wie aus Tausendundeiner Nacht.
Es ist so schön. Oh! Und es dürfte niemals
enden."
Ich lauschte Annies Worten.
Die klangen mir wie Musik in den Ohren.
Ich hörte sie, nur sie.
Sie spielte Klavier. Träumereien am Klavier.
Hingegeben.
Wie ihre schmalen Finger über die Tasten
glitten.
Im Kerzenschein, der sie schattierte.
Sie, ihre aufmerksamen grauen Augen.
Es war Umriss und Fülle darin eingeschlossen,
ein Selbstgefühl, das sich gefunden hatte und
mir entgegenschwebte, luftighell.
Die Offenbarung ihrer Liebe.
Und das Tal streckte sich wohlig unter einer
Sommerglocke.
Ein Hoffnungstag.
Der wusste sich nun zu entfalten.
Und die Weiden streichelten den Wind.
Ihrer Zweige sanfte Fingerkuppen.

Lisi:

Annie sieht Henri mit dem Brief in der Hand, und möchte am liebsten ohne ein Wort zu sagen in ihr Zimmer gehen.
Da sieht sie seinen Blick und weiß, sie kann Henri nicht einfach stehenlassen.
Zögernden Schrittes nähert sie sich ihm.
Ihr fällt ein, nach den Handzeichen zu fragen.
Henri erklärt sie ihr und überreicht ihr seinen Brief.
'Für dich Annie', und er sieht sie erwartungsvoll an.
Vielleicht bildet sie es sich nur ein.
Sie bedankt sich für den Brief, und möchte so schnell es geht in ihr Zimmer.
Henri bemerkt es und verabschiedet sich.
Ein wenig traurig und verwirrt sieht er ihr nach.
Wie wird sie seinen Brief aufnehmen?
Annie legt den Brief zur Seite. Sie setzt sich aufs Sofa und zieht die Beine zu sich heran. Ihre Arme umschlingen die Knie und ihr Kopf ruht auf ihnen.
Wie hatte Matthew sich ausgedrückt? Was genau wollte er sagen?
Es gab nichts zu deuten. Annie wusste es. Er liebte sie.
Und sie? Sie mag ihn. Er ist ihr wie ein Vater. Sie vertraut ihm völlig. Sie befolgt viele seiner Ratschläge. Aber Liebe, wie er sie meinte, ist es nicht. Das weiss sie genau.

Konnte sie noch bei ihm bleiben? Wenn er sie mit diesen Gedanken betrachtete?
Annie fühlt sich unwohl. Eine andere Frau hätte sich vielleicht nicht daran gestört. Womöglich seine Liebe für sich ausgenutzt.
Nicht so, Annie. Sie kann seine Liebe nicht erwidern. Will ihm aber auch nicht weh tun.
Wen hätte sie um Rat fragen können? Mr. Pinter auf jeden Fall. Und Henri?
Ihn nicht. Auf keinen Fall.
Sein Brief fällt ihr ein. Sie holt ihn sich und öffnet ihn.

Eike:

Werde ich mich wiedererkennen, wenn dieser Tag zu Ende geht?
Es steckt so viel Poesie darin.
Und Glück.
Ich möchte schier zerspringen vor lauter Glück.
Denn Romantik, das ist die Liebe.
Mehr noch - zu lieben - sich geliebt zu wissen.
Das ist ein mächtiger Quell.
Der sprudelt hell und klar.
Ich achte nicht mehr die Gefahr, ich schwelge in der Süßigkeit der Liebe.
Mir war wie einem Schöpfer zumute, der sich ein Ebenbild erschaffen, dem er seine ganze Anteilnahme zuwenden konnte. Ein Künstler, der etwas vollbrachte, das in seinen Augen der Vollendung gleichkam. Einer Vollendung des Herzens.
Hier war ein Gipfelgrad erreicht, da führte nichts mehr darüber hinaus. Ein Gefühl der Erhabenheit durchströmte mich wie ein warmer Hauch des letzten Sommerwindes. Ich lächelte, wie nur Kinder zu lächeln verstehen.
Es lebte eine Gewissheit in mir auf. Dass es zu leben gilt. Leben mit allen Sinnen.
Wie wenig braucht es doch, alle Mühsal zu vergessen, alles Zweifeln nichtig zu machen.
Ich war noch weit davon entfernt Pläne zu schmieden, und doch schossen bereits Luftschlösser rings um mich auf, empfing mich

ein unentdeckter Himmel, den es zu erforschen, später zu gestalten galt.
Sind wir nicht dann am frohsten, wenn wir nicht bedenken, wer wir sind, und zu welchem Zweck? Ganz ungebunden und dem Augenblick nur ergeben?
Einig mit der Natur und der Liebsten, aus deren strahlenden Augen ein Spiel des Lebens, ein verlockendes Schweben blickt. In ihr, mit ihr vereint - welch ein Entzücken, ein Überschäumen, eine Erhöhung des Daseins in Begeisterung, eines Empfindens, das sich wölbt über einem Wirrwar endlich erfüllter Wünsche, ahnungsvollen Erwachens.
Wir saßen erneut am Ufer des Bächleins.
Etwas weiter dem Norden zu hatten wir uns gewandt. Die enge Schlucht, an deren äußerstem Ende der Wasserfall den Zugang des Tales markierte, war unser Ziel. Die beiden Hunde begleiteten uns.
Ich nahm Annies Hand in die meine. Sie, die ebenso traumgebunden dagesessen hatte wie ich, blickte auf, ihre Augen tief und verdunkelt. Ein Nachtwehen. Wie eine Wolke aus blauer Ferne.
Ich fühlte, wie sich unsere Hände dichter verschlangen.

Lisi:

Annie

Annie liest. Ihr Gesicht wird weich. Sie liest mit den Augen, und die Gedanken kommen so schnell nicht mit. Sie beginnt nochmal von vorn. Sie legt den Brief zur Seite. Ihren Kopf nimmt sie von den Knien. Und sitzt ganz still.
Sie schaut zur Zimmerdecke. Dort spielt kein Licht. Die Decke ist dunkel. Der Stuck ist schwer zu erkennen. Annie steht auf und zündet drei Kerzen an.
Es sind immer drei, die sie anzündet. Damit sich das Zimmer dreiteilen kann. Das erscheint ihr vollkommen. Die Form eines Dreiecks.
Ihre Eltern fanden es verschwenderisch. Man muss nicht drei Kerzen anzünden, meinte ihr Vater, und schüttelte den Kopf. Ihre Mutter gab ihm Recht.
Doch Annie mochte es nicht Verschwendung nennen. Sie geniesst das Dreieck. Sie mag Dreiecke. Sie erinnern an eine Triangel. Die schlug sie als Kind so gerne. Und auch heute noch. Ihr gehört eine Triangel mit Klirrringen. Ein ganz besonderer Schatz. Wenn sie fröhlich ist. Dann passt es so gut, wie es klingt.
Als die Flammen sich eingerichtet haben, taucht sich das Zimmer in Abendfarben.
Die Decke mit Stuck schmückt sich mit Heimeligkeit. Annie nimmt es heute nicht richtig wahr.

Sie nimmt sich Henris Brief und liest ihn sich noch einmal durch. Sie rückt sich dabei in die Nähe der grössten Kerze. Dass sie alles wahrnehmen kann in ihrem Licht.
Wie schön er schreibt.
Solch eine Gleichmässigkeit in seiner Schrift. Sie drückt einen Kuss auf das beschriebene Papier. Sie stellt sich ihn vor. Wie er wohl seinen Kopf neigt, wenn er schreibt. Ob er sofort ins Reine schreibt, oder ob er Unmengen von Papier verbraucht, bevor er mit sich zufrieden ist.
Sie wird ihn fragen danach.
Sie möchte ihm nahe sein. Sie sind nur durch den Flur getrennt. Sie überlegt zu ihm zu gehen. Sie will sich bedanken für seinen wunderschönen Brief.
Sie zögert, weil sie nicht weiß, ob es sich gehört. Dann beschließt sie, nicht zu ihm zu gehen. Sie wird ihm schreiben. Und den Brief unter seine Tür schieben. Dann wird sie seine Reaktion abwarten.
Sie setzt sich an den kleinen, verspielten Sekretär mit den wunderschönen Intarsien.
Sie fährt mit dem Finger über das Ebenholz. Sie mag dieses kostbare Möbelstück.
Wie hat sie sich gefreut, als Matthew es in ihr Zimmer stellen ließ.
Sie war ihm um den Hals gefallen, und hatte ihm vor Freude und Übermut die Hände geküsst.
Einfach so.
Und er hatte gelacht und sich mit ihr gefreut.
Und sie hatte ihn nach Geheimfächern gefragt.

Und Matthew sagte, es sei durchaus möglich,
dass es sie gäbe.
Und wie ein Kind hatte sie angefangen den
Sekretär zu untersuchen.
Aber es ließ sich nichts Geheimnisvolles finden.
Matthew. Er war wieder in ihrem Kopf.

Eike:

Annie.
Sie erscheint mir wie die zarte Tochter des Himmels, die es zu behüten gilt.
Und das will ich!
Ich will ein neues Sehen lernen. Mit ihr. An ihrer Seite.
Ist nicht das Krausen der Wellen allein schon Zeichen genug?
Habe ich es jemals je verspürt und in mich aufgenommen?
Welche Wunder die Natur für uns bereit hält, wenn wir unserem Blick eine Richtung verleihen, die Gerechtigkeit walten lässt. Gerechtigkeit uns selbst gegenüber. Indem wir uns eine Rückkehr in Rückschau erlauben. Ein stiller einfacher Frieden, der ein ruhigeres Atmen gestattet.
Es kommt mir gerade so vor, als habe Annie eine Krankheit in mir geheilt, die ich gar nicht kannte. Und ich würde mich glücklich schätzen, wenn ich ihre Krankheit zu lindern vermöchte, die mir nur allzu bewusst geworden ist, die ich aber aus den Augenwinkeln verdrängte. Mit Lot und Zirkelmaß, wie ein Baumeister großer Kathedralen, als ob auf diese Weise eine Genesung zu erlangen wäre. Doch warum nicht? Es gibt eine Auflösung aller Rätsel in der Natur. Und die Natur ist weiblich, ein reines Wesen.

Und dies ist der Weg! Wenn sie mich nur liebt,
wenn ich sie nur liebe. Liebe eint. Und Liebe
heilt.
So verwandelt das Nachtwehen sich zu einer
freundlichen Sonne, die uns scheint.
Und alles ringsumher in einem freundlicheren
Licht sich zu beschauen gibt.
Freundlicher küsst es sich im Tal und macht die
Tränen trocknen.
Denn hier trifft sich doch alles. Weil der Genius
der Natur zugleich auch in der Kunst zu Hause
ist. Sei es die Kunst Bilder zu schaffen oder
Liebe zu schenken. Zuerst kommt das
Erschauen, dann folgt das Erschauern.

Wenn die Liebe
niederblickt von den Sternen
zwei Liebende einander
zugeneigt findet
blüht eine kleine
Blume auf
entzündet
ihren Lebensfunken

Lisi:

Matthew ist in sich gekehrt.
Er weiß, dass sich etwas ändern wird. Weil er sich nicht zurückgehalten hat.
Weil er nichts zurücknehmen kann.
Wie erschrocken Annie war. Sie war förmlich vor ihm geflüchtet. Hatte ihm keine Gelegenheit gegeben, es näher zu erläutern.
Matthew stellt sich ans Fenster. Heute nimmt er nichts wahr. Er freut sich nicht über den herrlichen Anblick. Interessiert sich nicht für den Anblick der Hunde.
Er denkt an vergangene Zeiten. Besser gesagt, er versucht es.
Es hilft nichts.
Er muss mit Annie sprechen.
Ein Geräusch an der Haustür, lässt ihn zu sich kommen. Er sieht Henri.
Sieht, wie dieser sich umdreht und zu einem der Fenster hinaufsieht.
Es ist Annies Fenster. Kurzer suchender Blick.
Sie scheint nicht am Fenster zu stehen.
Henri begrüßt die Hunde. Ein kurzes Betätscheln. Er setzt seinen Weg fort.
Matthew spürt einen Zorn in sich aufsteigen.
Er gibt Henri die Schuld an allem. Er wird ihm heute noch die Gastfreundschaft kündigen. Es wird alles werden wie früher. Davon ist er nun überzeugt.
Der Frieden wird ins Tal zurückkehren. Annie wird zur Vernunft kommen.

Wird einsehen, wie unsinnig alles war. Sie wird an ihre Zukunft denken. Er wird es ihr erleichtern. Die geplanten Reisen mit ihr wird er vorziehen.
Es wird ihm wohler. Er weiß, was er zu tun hat.
Es klopft an seiner Tür.

Eike:

Vom Waldrand her
Geräusche
die nicht nach Wald klingen
etwas Unnatürliches
wie Stimmen
Geflüster
doch weder von Mensch
noch von Tier
stammen sie her
wie eine Drohung
klingt es
eine Ankündigung
dann
die Gebärde des Himmels
der eine Wolke
vor die Sonne schiebt
ein kaum wahrnehmbarer
Schatten
der über die Wiese treibt
die Hirsche heben
witternd
ihre Nasen in den Wind
ein leichtes Zucken
mehr nicht
keinerlei weitere
Beunruhigung
zu verspüren
ich muss mich wohl
geirrt haben
Annie steht neben mir

schweigend
den Blick gen Himmel
gerichtet
nun
von der Sonne beschienen
wie umleuchtet
der Kranz ihrer Haare
ich nehme sie
bei der Hand
die sich leicht
in meine fügt
wie angemessen

Was vergangen ist, das ist vergangen. Die Zukunft ewig fern. In der Gegenwart weilt die Liebe in meinen Armen.
Es gibt keine Zeit und keine Stunden in diesem Tal. Solange ich hier bin hat die Zeit sich aufgelöst, erst verschwommen, dann verschwunden.
Ich blieb ein Mensch, ein Unvollendeter, und doch, ich war nie mehr, nie näher an einem Ziel, das alle Menschen suchen, und niemals finden, und niemals auszusprechen vermögen, worin es besteht, noch, wo es aufzuspüren wäre.
Vielleicht ist es eine besondere Art des Sterbens. Daran wollte ich jetzt nicht denken, und auch Annie schien mich in einem weiteren Fortgang unterbrechen zu wollen.

"Mach es dir nicht so schwer. Du suchst. Du suchst so lange, bis du über das Finden hinaus geflogen bist und erfindest. Und dann wirst du das Erfundene womöglich für wahr erachten und erwachst in einem finsteren Traum."
"Verzeih", sagte ich, "ich wollte die Stille nicht zerbrechen."
"Du lenkst ab. Aber ich will dir verzeihen. Doch eines merke dir: Es kann der Mensch nur ruhig und zufrieden sein, wenn er den Augenblick genießt, und nicht darüber sinnt, wie er ihn festhalten könnte. Ich sehe dir doch an, wie du überlegst, auf welche Weise du es beschreiben, in Worte fassen möchtest. Womöglich sogar in einem großen Gemälde niederlegen. Doch will ich deinen Drang nicht hemmen. Nicht für dieses Mal. Also sprich, also sage es mir. Und ich will dir antworten."

Ich: Es naht die Nacht. Wo alle Farben sterben. Sie kehren sich in die Erde zurück. Dort schlafen sie.

Annie: Nur um frisch und wohlgenährt zu erwachen. Es ist doch nur ein Augenverschieben. Sieh doch nur - das samtene Grün, es bleibt auch in der Nacht ein Bett der Liebe.

Ich: Und du wolltest mir von Erfinden sprechen.

Annie: Ich erfinde nicht. Ich bin eine Seherin. Drum flecht ich dir einen Blütenkranz. Der soll deine Träume dir hüten.

Ich: Du willst mein Schutzgeist sein?

Annie: Wie du der meine. Es blühen Sterne in der Nacht, wie giftige Gewächse. Nimm dich in Acht.

Ich: Was sprichst du plötzlich von Gefahren. Senden die Sterne nicht ein helles Licht hernieder, das heilsam lindernd unsre Stirn berührt, wenn Fieberdünste uns umfassen möchten.

Annie: Es kam wie eine Ahnung aus dem Wald, wo Licht und Schatten ewig miteinander streiten. Hast du es nicht gespürt? Doch zog es vorbei. Zur Wiese hin. Die hat es wehverschluckt, wie mir nun weh am Herzen ist.

Ich: Auch ich hab es gespürt. Es war nur eine Sinnestäuschung. Der Wind hat sich verschluckt. Nun hat er sich verzogen. Die Sonne steht hoch droben und hält Wacht. Denk an die Ferne, denke dir die Welt, die gerne dich empfangen möchte. Es vergeht dein Schmerz, es klingen frohe Melodien, komm an mein Herz, es ist dir liebverschrieben.

Lisi:

Matthews Herz klopft. Es ist natürlich Annie, die vor ihm steht.
Er schaut sie an, und erschrickt als er die Entschlossenheit in ihrem Gesicht sieht.
"Matthew ", beginnt sie.
Er steht mit herunterhängenden Armen vor ihr.
Er würde ihr gerne so vieles erklären, bringt aber nichts heraus.
"Ich habe es mir überlegt", Annies Stimme ist leise. "Ich werde nicht länger hier wohnen können."
Matthew nickt. Er möchte sie fragen. Ob es so schlimm ist in seiner Nähe. Ob es nicht möglich für sie sei, zu bleiben, wenn er ihr verspricht, sie nicht zu belästigen mit seiner Liebe.
Er bringt keinen Ton heraus. Er schüttelt den Kopf.
Tränen schießen ihm in die Augen. Er wendet sich ab.
Annie geht in ihr Zimmer zurück.
Sie ist froh, dass sie es hinter sich hat.
Sie wird zu ihren Eltern zurückkehren.
Später wird sie mit Henri sprechen.
Sie hatte ihm ihren Brief gestern am späten Abend unter seine Tür geschoben.
Annie steht in ihrem Zimmer. Sie streicht mit dem Finger über den Sekretär.
Sie betrachtet das Bild über ihrem Bett.
Es sind die drei Bäume, die ihr das Tal so vertraut machten. In einer etwas anderen

Perspektive, die auf den ersten Blick fremd wirkte.
Matthew hatte ihr das Bild erklärt. Hatte ihr gezeigt, was eine andere Ansicht im Denken auslösen konnte. Hatte von den Kehrseiten der Medaille gesprochen, als sie ihn gefragt hatte, ob etwas Dauerhaftes langweilen könne.
Ihre Augen umfangen das schwarze Klavier.
Ihre Blicke tasten jede Stelle ab. Die Kerzen der Klavierleuchter. Eine davon hat eine Tropfnase aus Wachs.
Sie klappt den Klavierdeckel hoch. Legt das Tuch aus besticktem Brokat zur Seite, mit dem die Tasten abgedeckt sind.
Sie fährt mit dem Zeigefinger über die weißen Tasten. Über jede einzelne.
Danach über die schwarzen Tasten.
Ganz liebevoll schlägt sie mit jeweils drei Fingern ihrer Hände Akkorde an.
Wie harmonisch sie sich zusammenfügen.
Sie setzt sich auf die mit rotem Samt bezogene Klavierbank.
Tränen laufen ihr übers Gesicht.
Sie wischt sie nicht fort. Ihre Finger sollen nicht nass werden. Die Tastatur darf nicht feucht werden.
Dunkle Moll-Akkorde erfüllen den ganzen Raum.
Es ist aber doch hellichter Vormittag.
Die Sonne scheint durchs Fenster und nimmt keine Rücksicht auf traurige Gemüter

Eike:

Annie wusste um die Zeit, zu der Mr. Landor's Rückkehr zu erwarten sei, er schien auch hierin, es verwunderte mich wenig, ein Gentleman mit festen Gewohnheiten.
Sie mahnte zum Aufbruch, und noch ehe wir die Stallungen erreichten, sahen wir den Wagen oben auf der Hügelkuppe erscheinen.
Mr. Landor erwies sich als äußerst wohlgelaunt, offenbar hatten sich alle Geschäfte zu seiner Zufriedenheit erledigen lassen.
Es galt eine Vielzahl Gerätschaften, Körbe mit Lebensmitteln und Pakete in Empfang zu nehmen und zu verteilen. Es waren auch allerlei Zeitschriften und Bücher für Annie darunter.
Nachdem wir alles verstaut hatten und sattsam mit den Neuigkeiten der kleinen Welt dieser stillen Täler rund um den Hudson vertraut gemacht waren, wandte Annie sich erneut ihren Hausfrauenpflichten zu. Ich bot ihr meinen Beistand an, doch sie gebot mir Mr. Landor Gesellschaft zu leisten.
Dieser hatte Nachrichten eines Freundes empfangen, der sich auf Europareise befand.
Er gab mir dessen sehr bildhafte Schilderung des höchst romantischen Rheintales zwischen Bingen und Koblenz zu Gehör.
"Sehen sie", sagte er daraufhin, "wir finden hier doch eine Landschaft vor uns ausgebreitet, die zur Gänze vom Menschen gestaltet wurde. Es ist alles da. Die schmucken kleinen Dörfchen. Die

Burgen und Schlösser. Nicht zu vergessen der Wein an den steilen Hängen.
Und dennoch und weiterhin wirkt das Rheintal ebenso schroff und natürlich wie es uns seit Alters her vermildert und von Kultur durchtränkt erscheint. Mithin ein Ideal. Jedenfalls was mich betrifft." Er lächelte still in sich hinein. "Sie werden mir nun gewiss wieder mit ihren Wildnissen kommen."
"Aber nicht doch", entgegnete ich, "es ist nur so, dass für mich beides gleichermaßen schön und berührend ist, die vom Menschen bestimmte Landschaft am Rhein ebenso wie die wilde Natur unserer Felsengebirge.
Es sind dies doch zwei Seiten einer Medaille, und das auch nur, solange das Eingreifen des Menschen behutsam vonstatten geht, gewissermaßen auch hier auf eine natürliche Weise, so wie es im Rheintal geschehen, wo es über die Jahrhunderte reifen konnte und gewachsen ist."
Mr. Landor zeigte sich begeistert.
"Sehen sie, sehen sie", bemerkte er stürmisch, "wir sind uns doch näher, als ich anfänglich dachte. Denn nichts anderes habe ich mit meinen beschränkten Mitteln in unserem kleinen Tal hier zu schaffen gesucht: ein bescheidenes Kleinod inmitten der Berge."
"Ein Paradies."
"Nein. So vermessen bin ich nicht, es war auch nie mein Ziel. Ich wollte etwas Vollkommenes schaffen, soweit es überhaupt zu erreichen ist.

Ich bin mir meiner Grenzen wohlbewusst. Denn das Paradies, es ist verloren."

Lisi:

Henri hält Annies Brief in der Hand.
Lange her, dass ihn ein Liebesbrief erreichte.
Nach dem ausgiebigen Morgenspaziergang hat er den Brief wieder gelesen.
Hat sich vorgestellt, wie sie den Brief schrieb.
Wie schön sie sich ausgedrückt hatte.
Ihre Schrift war gleichmässig und harmonisch.
Sein eigenes Schriftbild hat ihn immer gestört.
Etwas wirr wirkte es.
Er schob es auf seine innere Unruhe. Auf seine Ungeduld mit sich selbst.
Während er das Tal durchschritt, hatte er nur Annie im Kopf gehabt.
Hatte sich selbst gefragt. Ihm war vieles durch den Kopf gegangen.
Seine Lage, in der er sich befand. Die ihn hierher gebracht hatte.
Statt sich neu zu besinnen, hatte er sich verliebt.
Es war typisch für ihn. Würde er sich jemals ordnen können?
Er würde Annie malen. In den schönsten Farben derer er mächtig war. Er würde sie beschreiben.
Ihre Lieblichkeit und Anmut.
Und dann? Könnte er sie mit sich nehmen?
Würde sie sich wohlfühlen in seiner Welt?
Diese Welt war mehr als rau.
Sie ist manchmal so laut, dass kein Ohrenzuhalten hilft.
Henri setzt sich an den Schreibtisch. Sein Blick fällt auf die Flasche Whisky.

Eike:

Die Aufzeichnungen des zweiten Abends

Das Paradies aber ist verloren ...
Und es gibt kein Zurück.
Die Himmelsleiter ist eingezogen.
Manchmal meint man sie noch zu erahnen.
Doch dann sind die Sprossen zerbrochen.
Oder die Leiter verliert sich in Nebel.
Die Hoffnung schwindet.
Die Hoffnung verweht.
Mr. Landor hat recht.
Und ich stehe im Begriff ihm bitteres Unrecht zuzufügen.
Nein! Ich darf Annies Worte nicht vergessen.
'Ich bin eine Gefangene dieses Tales.'
Nein! Ich war es. Ich habe es mir eingeredet.

Und nun?
Sollte ich verstehen.
Es war eine Versuchung.
Und ich bin ihr erlegen.
Ich habe mich ver-sucht.
Ja, man kann sich ver-suchen.
Das ist leicht geschehen. Schon ist man in die Irre gegangen.
So wie ich, der ich im Dunkel tappe.
Annies wegen.
Doch ihre Schuld ist es nicht.

Es fällt auf mich zurück.
Ich war es.
Nicht sie hat mich, ich bin ihr Versucher
gewesen.

Und doch lieben wir uns.
Es ist nichts Unrechtes daran.
Er wird sie freigeben.
Er wird es einsehen müssen.

Ich liebe.
Sie liebt.
Wir lieben.
Ich liebe sie.
Sie liebt mich.
Wir lieben uns.

Es gibt keine Verschlüsselung.
Es existiert eine Übereinstimmung.

Ich bin irritiert.
Warum?

Lisi:

Es ist später Vormittag. Annie klopft an Henris Tür.
Sie hat sich entschlossen, ihm alles zu erzählen.
Dass sie weggeht von hier.
Und sie wird ihm auch den Grund dafür nennen.
Annie klopft noch einmal. Die Tür wird aufgemacht und Henri bittet sie hinein.
Eine Alkoholfahne schlägt ihr entgegen.
Ihr Blick fällt auf das Whiskyglas. Sie sieht Henri fragend an.
"Ja" , sagt dieser, "manchmal verdaut es sich besser mit einem ordentlichen Schluck Whisky."
Annie weiß nicht, was sie darauf antworten soll.
" Ich wollte dir nur sagen, dass ich fortgehen werde von hier. Ich gehe zu meinen Eltern zurück. Die werden sich freuen, mich wieder bei sich zu haben."
" Mach das. Ich weiß zwar nicht, wozu das gut sein soll, aber du wirst es schon wissen." Henri lacht.
Nichts weiter.
Annie sieht, wie er das Glas nachfüllt.
"Auf dich und deine Eltern", sagt er, und prostet ihr zu.
"Wenn ich darf, werde ich dich dort besuchen kommen." Er legt seinen Arm um sie.
"Spätestens morgen reise ich ab. Du wirst mir immer in Erinnerung bleiben. Ich hab mich gleich in dich verliebt. Aber das weißt du ja.

Schade nur, dass sich unsere Wege so schnell trennen. Aber so ist es nunmal. Nichts hält ewig."
Henri sieht ihren traurigen Blick. Und will es nicht sehen.
Annie löst sich aus seinem Arm, und verlässt ohne ein Wort zu sagen den Raum.

Eike:

Der Traum der zweiten Nacht.

Feenland
FeenStrahl
Taldunkel
Schattenflut
es ist ein auf- und ab
formlos
TränenTropfen
Bewegen und Verwehen
Trommelschlag
Waldwinkel
eine Kluft
klafterbreit
Mitternacht
ein Platzwechsel
Mondriese
sich senkt
niederzwängt
in Felsenritze
weit und leicht
Faltengezipfel
schläft
schläft
über alles
schläft
WirrWald
Wiese
kristallener See
Labyrinth aus Licht

Morgens
wenn sie früh aufsteht
mondig Decke schwebt
in Himmelshöh
Schauer zerstäubt
Erdenschmetterling
zitternde Schwinge
sinkt
schweigendes Wasserfallen

Wie abgehackt diese Worte.
Beunruhigend. Verstörend.
Ich erwachte. Schweißgebadet wie in der ersten Nacht.
Schreckte auf.
Da war ein Klopfen von der Tür.
Und Mr. Landor's Stimme.

Ich schwang mich auf, öffnete die Tür.
Ich sah Mr. Landor in völliger Auflösung begriffen.
"Sie ist fort, fort ...", stammelte er.
Womit natürlich nur Annie gemeint sein konnte.
Ich verstand seine Aufregung nicht.
"Sie wird zu den Stallungen gegangen sein wie an jedem Morgen", versuchte ich ihn zu beruhigen.
"Nein, nein - es ist etwas geschehen ... es muss etwas geschehen sein ..."
Nun erst bemerkte ich, dass mein Ponto fehlte.

Doch auch dieser Umstand beunruhigte mich nicht sonderlich.
Sicherlich wird Annie ihn, unbemerkt, während ich schlief, aus meinem Zimmer entlassen haben um ihm etwas Auslauf zu gewähren.
Ich kleidete mich an, während Mr. Landor ins Wohnzimmer zurückkehrte.
Ich fand ihn dort auf seinen Lehnstuhl gesunken, dem Zusammenbruch nahe.
"Bitte ...", flüsterte er, "etwas Schreckliches ... ihr müsst sie finden."
Ich versprach es ihm.
Unbesorgt, die frische Morgenluft tief einatmend, wandte ich meine Schritte über den Bach zu den Stallungen hin.
Dort fand ich den Kater, der mir begrüßend um die Beine strich. Doch keine Spur von Annie und den beiden Hunden. Alles lag friedlich, die Vögel sangen ihr Lied, die Sonne verfing sich im Tau, sandte glitzernde Strahlen.
Nun gut, dachte ich, dann wird sie, nachdem sie ihre Pflichten erledigt hatte, einen weitläufigeren Spaziergang in Angriff genommen haben. Der beginnende Tag war ja auch danach.
Wie einem inneren Impuls folgend schlug ich meinen Weg zur nördlichen Schlucht ein.
Dorthin, wo ich gestern die Stimmen aus dem Wald vernommen hatte.
Wenn Mr. Landor's schlimme Ahnung nun doch nicht von ungefähr stammen sollte?

Lisi:

Henri bricht zusammen, als Annie das Zimmer
verlässt. Die mühsam aufrecht erhaltene,
vorgespielte Heiterkeit, fällt von ihm ab.
Seine Schritte schwanken, als er sich umdreht.
Unbarmherzig zeigt der Standspiegel, gerahmt
aus kunstvoll bearbeitetem Gold, seine Gestalt.
Er sieht sich ins Gesicht, fühlt sich wie ein
Schuft, ist voller Abscheu gegen sich.

Als er das Haus am selben Tag noch verlässt,
liegt ein Brief auf dem Schreibtisch

Für Annie

Das Tal der Euphorie
Romantik darin eingeschlossen
das Licht darin ist schön
auch wenn der Regen fällt
in diese abgeschiedne Welt
so federleicht und wunderbar
erschien sie mir
ich suchte hier
den Frieden
den ich lang zuvor verlor
als durch das Tor ich schritt
schwang etwas in der Seele mit
das ich schon lang vermisst
war mir ein Traum im Sommerkleid
der schwebte mir entgegen

ihn zu beschlafen schwor ich mir
ihn aufzusaugen
in seinen Augen
mich erkennen
und die Antwort meiner Fragen finden

und dieser Traum warst du

und neue Sterne zogen auf
und zogen mir den Vorhang
ins Gesicht
ich weiß noch immer nicht genau
was ich mir präparieren wollte
es sollten Wunder sein
die mich die Anmut der Natur
empfinden lassen wie das höchste Glück
mein Hirn ist wie gemartert
es geht mit mir zurück
in die Vergangenheit
wie kläglich fühl ich mich
die Feuerwalze in der Brust
die Hölle richtet mich
und dabei
lieb ich dich
nur dich

Für dich, von mir so sehr geliebte Annie,
deiner nicht wert
Henri

Eike:

Ich fand Ponto zu Füßen des Hickorybaumes. Er war gänzlich zerfetzt, zerschunden. Ich brach über seinem armen verstümmelten Körper zusammen. Weinend wiegte ich ihn in meinen Armen, des Blutes missachtend, das meine Kleidung befleckte.
Ich weiß nicht, was ich in diesem Moment dachte. Nein, mein Denken setzte aus. Nacht setzte ein.
Und doch, einen Gedanken behielt ich bei mir, behielt ich in mir, halte ich fest bis zu diesem Zeitpunkt, da ich dies niederschreibe: Annie! Annie! Was war dir geschehen?
Für einen Augenblick keimte Hoffnung in mir auf. Sie und der Custos mussten dem entkommen sein, was meinen armen Ponto niedergestreckt hatte.
Bis ich die blutige Spur entdeckte.
Sie zog sich zum Wasserfall hinüber, ich verfolgte sie die seitlichen Felswände hinauf, wo sie sich zwischen den Bäumen verlor.
Ich stürzte mich in den Wald. Verzweifelt. Tränenblind.
Bald sah ich mich im Unterholz verfangen, orientierungslos, hemmungslos schluchzend, nicht eingedenk möglicher Gefahren.
So muss ich den ganzen Tag umhergeirrt sein. Dem Wahnsinn mich nähernd mit jedem Schritt, den ich tat.

Es kam einem Wunder gleich, mehr wohl noch einer Fügung des Schicksals, dass mich der Abend wieder an jener Stelle sah, wo ich das Tal zwei Tage zuvor zum ersten Mal erblickte.
Ich stieg den Hügel hinab zum Haus.
Die Tür stand offen, es war ein Gesumm von Fliegen. Mr. Landor lag in seinem Blut. Neben ihm das Gewehr. Er hatte sich erschossen. Ich sank ohnmächtig zu Boden.

Man fand mich. Man hielt mich für den Mörder. Nicht nur Mr. Landor's Mörder, auch den Mörder Annies, deren Leichnam niemals entdeckt wurde. So kerkerte man mich ein. Fiebernd, von Wahnvorstellungen gepeinigt. Ohne ärztlichen, ohne seelischen Beistand, den man mir, als dem vermeintlichen Ungeheuer, verweigerte.
Schließlich stellte sich meine Unschuld heraus.
Man sprach von einem unnennbaren Schrecken, der durch die Wälder ging.
Mir war es nichts. Mein Leben war dahin. Wer oder was auch immer Annies Tod zu verschulden haben mochte.
Die lange Kerkerhaft, die verschleppte Krankheit, der zerrüttete Zustand meiner Nerven haben mich dem Tode nahe gebracht. Ohne Annie ist mein Leben hinfällig geworden. Aller Lebenswille hat mich verlassen. Morgen oder übermorgen schon kann es vorbei sein.

Ich habe aufgezeichnet, was aufzuzeichnen vor meinem Gewissen zu verantworten war.
Dies ist das Ende.

Ich weiß nicht, wer es mir zusteckte. Ich fand dieses Gedicht Annies während meiner Gefangenschaft unverhofft in meiner Zelle liegen.
Ich vermute, dass sie es mir nach ihrer Rückkehr an jenem verhängnisvollen Morgen hatte zukommen lassen wollen.
Es beantwortet keine Fragen.

Das Tal der Unrast
fern
und weit in den Bergen
schwer zu finden
noch schwerer
es zu verlassen
denn da
sind Sternenaugen
mild
scheinen hoch
wie von eines Obelisken
Blicken
Horusaugen
tränenfeuchte
eine Hand
so kalt
so kalt

muss ich immer
wärmend halten
niemals
niemals
geh von mir
niemals
und die Luft
brütet müde
brütet schwere
dunkle Wolken
Wasserspalten
tropft in Trauer
Riedgras wogt
vage träumt
der dunkle Wald
sag mir
wirst du bei mir
bleiben
bis des Weines
Blätter rot
sich vom Stamm
abspalten
dann
blüht dein Herz
in Sanftmut auf
sachte
streife
Lilienbanner
auf mein Grab
versteckt im Wald

Mit Illustrationen von Lisi Schuur und Eike M. Falk